진짜 살림꾼
장일순

좁쌀 한 알에도 우주가 담겨 있단다

장일순 할아버지는

1928년 강원도 원주에서 태어났습니다. 어려서는 친할아버지인 장경호 선생님께 한문을 익히고, 독립운동가이자 이름난 서예가였던 차강 박기정 선생님으로부터 붓글씨와 그림을 배웠습니다. 장경호 선생님은 마당에 떨어진 콩 한쪽도 귀하게 여기고 동냥을 하러 온 거지에게도 따뜻한 밥을 내어 주도록 가르친 인자한 분이었습니다. 또한 그런 할아버지의 친구였던 박기정 선생님은 자신의 글씨와 그림으로 독립운동 자금을 대던 훌륭한 어르신이었습니다. 두 분 모두 장일순 할아버지가 살아가는 동안 늘 그리워하고 존경하며 따라 배우고자 했던 선생님이었습니다.

할아버지는 보통학교를 마치고는 서울로 올라가 공부를 계속 했습니다. 우리 나라가 일본으로부터 해방될 즈음, 배재중학교를 마치고 경성공업전문학교(지금의 서울대학교 공과대학)에 들어갔다가 다시 서울대학교 미학과에 입학하게 되지만, 전쟁이 일어나 공부를 그만두고 고향으로 돌아오게 됩니다. 그때부터 줄곧 원주를 떠나지 않고 살면서, 겉으로 드러나지는 않지만 조용히 세상을 바꾸는 일들을 많이 하게 됩니다.

▲ 1939년 원주보통학교 졸업식. 하얀 동그라미 안쪽이 장일순 할아버지다.

▲ 1947년 할아버지 장경호 선생님 환갑 때 가족이 함께 모여. 가운데 중절모를 쓴 분이 장경호 선생님이다. 장일순 할아버지는 이때 서울에서 공부하느라 함께하지 못했다.

▲ 해월 최시형 선생님. 국립대학을 세우는 데 반대한다는 이유로 학교에서 제적당한 장일순 할아버지는 원주에 잠깐 내려와 있던 사이 해월 최시형 선생님의 사상을 만나고, 평생을 큰 스승으로 모셨다.

▲ 장일순 할아버지와 할아버지의 아내인 이인숙 할머니. 이인숙 할머니는 끊이지 않는 할아버지의 손님들을 위해 언제라도 따뜻한 밥상을 내오는, 할아버지 못지않는 살림꾼이었다.

교육자로 민주화운동가로 모두의 스승으로

한국전쟁이 끝난 뒤 배고프고 가난한 시절, 할아버지는 갈 곳 없는 어린아이들을 모아 가르치기 시작합니다. 그리고 아이들이 편안하게 공부할 수 있는 터전을 만들기 위해 스스로 먼저 집안의 땅을 내놓고 뜻있는 여러 사람들의 힘과 지혜를 모아 원주에 대성학교를 세우게 됩니다.

▲ 1954년 대성학교 건물 완공을 앞두고

▲ 회의를 재미있게 이끄는 장일순 할아버지

▲ 1956년 무렵 대성학교 교정에서 제자들과 함께

또 학교에서 아이들을 가르치는 것과 바른 정치로 나라를 이끄는 것이 다르지 않다고 생각한 할아버지는 젊은 시절 국회위원 선거에도 출마했습니다. 그렇지만 돈과 부패한 권력이 판을 치는 선거에서 뜻을 이루지 못한 채 오히려 평화통일을 주장했다는 이유로 감옥에 갑힙니다. 감옥에서 나온 뒤에도 누명을 쓰고 학교에서 쫓겨난 할아버지는 그 뒤로는 줄곧 군사정권으로부터 감시를 받으며 살게 됩니다. 하지만 학교를 떠난 할아버지는 오히려 교실 밖에서 더 많은 제자들을 길러 내게 됩니다.

▲ 교훈이 새겨진 대성학교 비석 앞에서.
'참되자'는 글씨는 할아버지가 직접 썼다.
▶ 1963년 할아버지가 감옥 생활을 하던
춘천형무소 온실에서

모든 생명이 더불어 사는 세상을 위해

할아버지는 가난한 농민과 노동자들이 스스로 잘 살 수 있는 길을 찾아 서로 돕고 살도록 가르치는 일이 중요하다고 생각했습니다. 그래서 천주교회의 지학순 주교와 힘을 합쳐 원주 지역을 중심으로 농촌과 탄광 지역에 신용협동조합을 만드는 일에서부터 시작해, 더불어 사는 세상을 만드는 일에 앞장설 훌륭한 제자들을 길러 냈습니다.

할아버지는 가난하고 힘없는 사람들까지 하늘처럼 귀하게 대접받는 것이 민주주의라는 믿음으로 오랜 세월 독재 정권과 반대해 싸웠습니다. 그러나 사람만 잘 먹고 잘 사는 길은 지구 전체로 보면 옳지 않다고 생각했습니다. 그래서 나중에는 풀 한 포기, 벌레 한 마리도 소중히 여기며 모든 생명이 서로 돕는 세상을 만들어야 한다는 생각에 한살림 운동을 시작합니다.

◀ 1991년 지역 운동을 함께했던 지학순 주교와 함께

▶ 원주 한살림 매장 본부. 사람과 자연이 하나 되는, 크게 생명을 살리는 일을 하자는 운동이 바로 한살림 매장에서 실천되고 있다.

할아버지는 우리 나라 민주화운동의 숨은 지도자로, 또 모두가 더불어 사는 세상을 이끄는 훌륭한 교육자로 존경받았습니다. 그러면서 뛰어난 난초 그림과 붓글씨로 유명한 예술가이기도 했습니다. 서화 작품을 통해 어려운 사람들을 위로해 주었고, 좋은 일을 하려는 사람들에게 자신의 작품을 거저 내주어 힘을 주셨습니다. 모두가 더불어 사는 아름다운 세상을 위해 쓰도록 하신거지요.

▲ 1992년 한살림 강연을 하는 장일순 할아버지

▲ 장일순 할아버지의 난초 그림은 활짝 웃는 사람들의 얼굴을 닮았다.

◀ 난초를 그리는 장일순 할아버지

우리인물이야기 20

진짜 살림꾼 장일순_
좁쌀 한 알에도 우주가 담겨 있단다

2008년 9월 30일 처음 펴냄
2016년 12월 10일 7쇄 펴냄

지은이·김선미
그린이·원혜영
펴낸이·신명철
펴낸곳·(주)우리교육
등록·제 313-2001-52호
주소·03993 서울시 마포구 월드컵북로 6길 46
전화·02-3142-6770
팩스·02-3142-6772
홈페이지·www.uriedu.co.kr
제조국명·대한민국
사용연령·12세 이상

주의사항·종이에 베이거나 긁히지 않도록 조심하세요.
　　　　책 모서리가 날카로우니 던지거나 떨어뜨리지 마세요.

· 잘못된 책은 바꾸어 드립니다.
· 이 책의 내용을 쓰려면 반드시 저작권자와 (주)우리교육에 서면 허락을 받아야 합니다.
· 책값은 뒤표지에 있습니다.

ⓒ 김선미, 원혜영, 2008
ISBN 978-89-8040-742-2 74810
　　　978-89-8040-754-5 (세트)

이 책의 국립중앙도서관 출판시도서목록(CIP)은 e-CIP 홈페이지(http://www.nl.go.kr/cip.php)에서 이용할 수 있습니다.
(CIP제어번호 : CIP2008002769)

좁쌀 한 알에도 우주가 담겨 있단다

진짜 살림꾼 장일순

김선미 지음 | 원혜영 그림

우리교육

추천의 말

김종철 _《녹색평론》 발행인

　장일순 선생님은 생전에 노자(老子)에 나오는 "위학일익 위도일손(爲學日益 爲道日損)"이라는 말을 자주 인용하셨다. 글자 그대로 옮기면 "사람이 학문을 익히면 날마다 얻는 것이 있지만, 도를 실천하면 날마다 잃어버리는 것이 있다" 정도가 될 것이다. 그런데 여기서 '잃어버린다' 는 것은 '자기를 비운다' 는 뜻이다. 따라서 이 구절은 다시 "학문을 익히면 지식을 얻지만, 도를 실천하면 자기를 비우는 지혜가 생긴다"로 풀어 볼 수 있을 것 같다.

　물론 이 세상을 살아가는 데는 다양한 지식이 필요하다. 하지만 오늘날 우리가 사는 세상이 이토록 어지러운 것은 지식이 모자라서가 아니다. 지금은 사람들이 살아온 이래 가장 수준 높은 과학 기술과 지식을 갖춘 전문가들이 넘쳐 나는 시대이다. 그런데도 삶은 더욱 뒤틀려 가기만 한다.

　우리에게 정녕 필요한 것은 지식이 아니라 '지혜'다. 물론 누구나 이렇게 이야기한다. 그러나 우리는 정작 지혜가 무엇인지 잘 알지 못하고, 또 알려고도 하지 않는다. 아마도 그것은 우리들 대부분이 지혜가 무엇인지 가르쳐 주는 스승을 일찍이 모시고 살아 본 경험이 없기 때문일 것이다.

　나 역시 마찬가지였다. 나는 오랫동안 지혜라거나, 스승이라거나 그런 것에 아무 관심 없이 살아왔다. 그저 학교 다닐 때 은사님들이 보여 주신 모범에 따라 지식의 세계를 열심히 탐구하다 보면 언젠가는 현명한 판단력과 문제를 풀어 낼 수 있는 능력을 가지게 될 것이라고 막연히 생각해

왔을 뿐이다. 그러다가 마흔 고비에서 돌연히 건강에 문제가 생겼고, 보통의 생활에서 벗어나면서부터 그때까지와는 다른 예민한 감각이 살아났다. 그때 깨달은 것은, 사람에게 궁극적으로 중요한 것은 사회적 성공도, 물질적 부도, 심지어 육체적 건강도 아니라는 것이었다. 가장 중요한 것은 이 세상에서 남들(인간뿐만 아니라 다른 모든 생명들도 포함해)과 더불어 평화롭게 사는 데 근본적으로 필요한 자질, 즉 자기를 비우는 마음이었다. 모든 헛된 욕망, 비극과 재앙은 사람이 원래 갖추어야 할 겸허함을 잊고 자기만을 주장하는 데서 나오는 게 분명하다는 것을 알게 된 것이다.

내가 이런 생각에 다다른 데는 장일순 선생님의 영향이 컸다. 나는 이런 깨달음을 얻고 나서도 여러 해가 지난 뒤에야 선생님을 직접 뵐 수 있었지만, 그 훨씬 전부터 선생님에 관한 이야기를 들으면 이상하게도 마음이 금방 평화로워지고 욕심이 없어지는 기분이었다. 그렇게 해서, 나는 사람이 마음속에 스승을 모시고 사는 게 얼마나 행복한 일인지를 조금 알게 된 것 같다.

내가 아는 한, 우리 나라의 근현대 역사에서 장일순 선생님은 그 철저한 공생의 지혜와 자기를 드러내지 않는 겸허한 삶을 실천하는 데 있어서 유례가 없는 분이다. 선생님이 책을 단 한 권도 쓰지 않고 돌아가신 것도 그러한 겸허함 때문이라고 생각하지만, 솔직히 선생님이 그리워질 때마다 선생님이 쓴 책이 한 권이라도 있으면 얼마나 좋을까 하는 아쉬움이 없지 않다. 그런 아쉬움을 느끼는 사람이 나만은 아니니, 지금 선생님에 관한 책이나마 몇 권 나와 있는 것은 그나마 다행이라는 생각이 든다.

 이번에 김선미 작가의 노력으로 이 책이 나오게 된 것은 어른들에게는 물론이거니와 우리 어린이들에게도 큰 경사라고 할 수 있다. 장일순 선생님에 관련한 많은 이야기들은 우리들 모두에게 흥미롭고 기릴 만한 것이지만, 특히 이 책에는 우리 어린이들이 평생을 사는 동안 소중하게 기억해야 할 이야기들이 풍부하게 담겨 있다.
 어떤 시대이건 어린이는 근본적으로 이야기 속에서 산다. 이야기의 세계를 건너뛰고 건강한 사람으로 자라는 것은 불가능하다. 중요한 것은 어린 시절에 우리가 사로잡혀 있는 이야기가 어떤 이야기인가 하는 것이다. 사실, 내 경우도 그렇다. 내가 지금까지 인간다운 마음과 감수성을 잃지 않고 살아올 수 있었다면, 그것은 어렸을 때 내가 듣거나 읽었던 아름답고 감동적인 이야기들 덕분이다. 한 번 읽고, 또 되풀이해서 읽는다면, 이 책을 보는 어린이들이 자기도 모르는 사이에 마음이 큰 사람으로 자랄 수 있을 것이라고 나는 믿는다.

이현주 _ 목사, 어린이책 작가

여러분은 혹시 산에 들어갔다가 길을 잃었던 적이 있나요? 한번은 나도 월악산을 오르다가 갑자기 길이 없어지는 바람에 실컷 고생을 했습니다. 이리저리 험한 바위 사이를 헤맨 끝에 겨우 길을 찾아 내려올 수 있었지요. 그때, 사람들 발자취가 나 있는 작은 길이 얼마나 반갑고 고맙던지요!

이 책은 장일순이라는, 우리보다 앞서 가신 한 어른의 삶을 기록한 것입니다. 여러분은 이 책에서, 어지럽고 어두운 세상을 밝히며 걸어가신 등불 같은 어른의 발자취를 보게 될 것입니다. 아직 어린 나이일 텐데 이렇게 훌륭하신 어른의 발자취를 더듬어 보고 있는 여러분은 참 행복한 분들입니다.

옛말에 "끼리끼리 서로 따른다"고 했지요. 이 책을 읽고 있는 여러분은 벌써 장일순 할아버지께서 가신 바로 그 길에 들어서 있는 거예요. 진심으로 축하합니다. 그분이 어둡고 어지러운 세상에서 등불이 되어 많은 이들에게 빛을 나누어 주셨듯이, 이 책을 읽는 여러분도 이 세상의 희망이 되시기를 바랍니다.

이 책을 읽는 어린이에게

　나는 딸아이가 둘 있는 아줌마란다. 우선 내 뱃속에서 큰 딸애가 꼬물꼬물(그래, 꼬물꼬물! 아기가 자궁 속 작은 바다에서 올챙이처럼 헤엄을 칠 때니까 그렇게 부르는 게 맞아!) 자라고 있을 때 이야기를 들려줄게.

　나는 뱃속에 아기를 담은 채 일터에 다니고 있었어. 아줌마가 일하던 곳은 매일같이 '지옥철'이라고 부르는 만원 전철을 두 번 갈아타고 또 버스까지 갈아타고 나서야 다다르는 먼 곳이었어. 그때 난 항상 두 손으로 아랫배를 꼭 감싸고 다녔단다. 왜냐하면 배가 불룩 나오지 않아서 남들은 내가 아이를 가졌는지도 몰랐거든. 그런데 만약 버스나 지하철 안에서 누가 팔꿈치나 우산 같은 걸로 내 배를 쿡 찌른다고 생각해 봐. 우리 아기가 얼마나 놀라겠니. 그래서 손으로라도 배를 감싸고서, 어떻게든 아기를 잘 모셔야겠다고 생각한 거야. 나중에 남산만 하게 배가 부르고 나서는 몸이 하도 무거워 어쩔 수 없이 손으로 받쳐 들어야 했지만.

　아마 엄마들 모두 비슷할 거야. 세상 모든 엄마들이 뱃속에 아기

씨앗을 잘 모셨기 때문에 너희들이 세상으로 나올 수 있었으니까.

　그렇게 내 안에 아기를 모시고서 회사에 다녀오면 온몸이 늪으로 빨려 들어가는 것처럼 힘이 쭈욱 빠졌단다. 그러니 밥 하고, 빨래하고, 청소하는 일들을 제대로 할 수가 없었지. 오직 내 한 몸 잘 돌보는 것밖에 생각하지 못했어.

　그런데 어느 햇살 좋은 일요일이었어. 화분에 물을 주려던 남편이 부르는 거야.

　"여보, 매일 죽이지만 말고 이제 진짜 살림 좀 해 보지?"

　아니, 이게 무슨 소리지? 내가 누굴 죽여? 나는 깜짝 놀라 남편에게 가 보았어. 우리 집엔 시어머님께서 정성껏 기르던 꽃이 많이 있었어. 그런데 어머니가 시골로 가신 뒤로는 통 돌봐 주는 사람이 없어 꽃이 반 넘게 말라 죽은 거야. 그동안 나는 뭘 했냐고? 나 목 마르고 배고픈 것만 알았지 꽃나무가 죽어 가는 건 신경도 안 썼던 거야.

 그런데 나는 꽃나무가 죽은 것보다 남편 말이 더 놀라웠단다. 살림은 밥 하고 빨래하고 청소하는 게 다라고 생각했거든. 그런데 듣고 보니 생명을 죽이지 않고 살아 있게 하는 게 진짜 '살림'이었어. 그런 일은 하느님이나 하는 줄 알았는데 말이야.
 '가족을 먹이고 입히고 재우는 것도 살림이지만, 꽃 한 송이 풀 한 포기도 죽이지 않고 잘 자라게 하는 것 역시 살림이구나. 내 뱃속에 있는 아기만 살리려고 애쓰는 게 다가 아니구나. 남과 함께 사이좋게 어울려 좋은 세상을 만드는 것도 살림이구나.'
 어렴풋이 이런 생각을 했단다.
 그럼, 그 뒤로는 꽃들을 잘 돌봤냐고? 아니, 작심삼일이었어. 여전히 많은 화초들을 잘 돌보지 못하는 엉터리 살림꾼이었지. 뱃속의 딸아이라도 건강하게 살려 낸 것을 다행이라고 생각했어.
 그런데 말이야, 딸들이 젖을 떼고 걸음마를 시작하고 하루가 다르게 자라면서 내 생각도 조금씩 자라게 되었단다. 진짜 살림이 무엇인지 조금씩 알아 가게 되었어.

그런 나에게 세상에서 제일 큰 살림이 무엇인지 가르쳐 주신 분이 조한알 할아버지, 그러니까 장일순 선생님이야. 가장 아름다운 살림이 무엇인지 깨우쳐 주신 분이지.
 자, 이제부터 엉터리 살림꾼 아줌마가 진짜 살림 잘하는 할아버지 이야기를 들려줄게. 그래, 살림 잘하는 할머니가 아니라, 할아버지 이야기라고!

김선미

차례

추천의 말 • 10

이 책을 읽는 어린이에게 • 14

치악산 옹달샘에서 태평양까지 • 20

밤똥은 닭이나 누는 거지 사람도 눈다더냐 • 25

할아버지가 가장 좋아한 할아버지 • 31

모자라니까 더 많이 채워지는 거야 • 36

붓을 들고 독립운동을 한 차강 선생님 • 41

학교에서 쫓겨나도 부끄럽지 않아 • 46

밥이 사람을 살렸네 • 56

머릿니 때문에 죽을 뻔한 목숨 • 63

아이들을 내 손으로 가르치겠어 • 70

새집도 짓고 새 식구도 맞고 • 80

평화통일을 꿈꾸면 죄가 되나요 • 89

무서운 감옥도 인생의 학교란다 • 97

학교에서도 쫓겨나고 • 106

하느님 앞 찰떡궁합, 지학순 주교 • 112

투명한 학교, 믿음을 가르치다 • 117

주여, 이 땅에 정의를! • 125

하늘이 스스로를 돕게 하자 • 132

가난한 사람들 가랑이 아래로 배우러 가는 길 • 141

이제 풀 한 포기도 섬기며 살자 • 150

우주가 함께 살아야 진짜 살림이지 • 157

생명을 살리는 좁쌀 • 164

할아버지, 저도 살림 잘할게요! • 172

원주의 역사와 함께한 장일순 할아버지 • 178

치악산 옹달샘에서 태평양까지

원주에 가 본 적 있니? 경기도와 충청북도가 강원도와 만나는 곳에 원주가 있단다. 조선 시대에 지은 강원도라는 이름은 강릉과 원주에서 한 글자씩 따온 거래.

원주에 가면 제일 먼저 보이는 게 동쪽 하늘가에 있는 크고 웅장한 산봉우리들이야. 굳이 보려고 애를 쓰지 않아도 눈길 닿는 데마다 떡하니 버티고 있으니까, 그 산 이야기부터 시작해 볼까? 비로봉, 향로봉, 남대봉……. 이웃한 여러 산봉우리들이 나란히 어깨동무하고 동쪽에서 남쪽으로 길게 울타리처럼 이어져 있는 이 웅장한 산은 바로 치악산이야. 조한알 할아버지는 치악산을 바라볼 때면 이렇게 말씀하셨지.

"저 산은 못난 놈이든 잘난 놈이든 다 품어 주는 산이야. 꼭 어머니 품 같지."

산은 높을수록 골짜기도 깊어. 치악산은 깊은 골짜기마다 옹달샘과 시냇물을 길러 낸단다. 하늘이 주신 빗방울 하나도 허투루 흘리지 않고 고이 모셔서 말이야. 치악산은 그걸 자꾸 낮은 곳으로 흘려보내지. 그러면 물줄기는 사람들이 모여 사는 마을로 내려와 봉천이 된단다. 원주 사람들은 옛날부터 봉천 둘레에 옹기종기 모여 살면서 그 물로 아기도 씻기고, 밥도 짓고, 빨래도 하고, 농사도 지었어. 그러니까 봉천은 어머니 치악산이 만든 원주 사람들의 젖줄이야.

그럼 봉천은 어디로 흐를까? 물은 낮은 곳으로 흘러가면서 그 줄기가 넓어져 큰 물이 된단다. 봉천은 자라서 섬강

이 되고, 다시 충청도에 있는 산에서 태어난 어린 강들과 만나 남한강이 되지. 그리고 드디어 저 멀리 북한 땅에서부터 유유히 흘러 휴전선을 넘어온 북한강과 결혼을 하지. 북한강과 남한강이 만나 서울에 가서 큰 살림을 차린 게 바로 한강이야. 우리 나라 사람들 절반 가까이가 서울과 수도권에 모여 살고 있잖아. 그러니까 한강은 이 땅에서 가장 많은 사람들을 먹여 살리는 큰 살림꾼이야. 한강은 거기서 멈추지 않아. 더 많은 식구들을 먹여 살리려고 바다로 간단다. 그리고 언젠가는 저 멀리 지구 반대편 마을 모래사장까지 가서 철썩철썩 파도 소리를 들려줄 거야.

어때? 원주라는 도시 하나만 놓고 보아도 마을 뒷산에 있는 작은 옹달샘이 태평양, 아니 지구 전체와 하나로 이어져 있다는 것을 느낄 수 있겠지? 결국 치악산은 원주 사람뿐 아니라 지구 모든 생명체의 어머니야. 그 말은 치악산만 세상의 어머니인 것은 아니라는 뜻이기도 해.

"하늘과 땅은 곧 부모님이고, 부모님은 하늘과 땅이니, 하늘과 땅과 부모는 모두 한 몸이란다."

동학의 지도자 해월 최시형 선생님이 하신 말씀이야. 조한알 할아버지는 해월 선생님을 무척 존경했어. 그래서 원주 송골마을 어귀에 이 말씀을 새긴 비식도 세웠어.

무슨 뜻이냐고? 다람쥐와 딱따구리, 제비꽃과 떡갈나무, 새우와 고래는 전혀 다른 부모에게서 태어났지. 하지만 똑같이 지구의 물과 공기와 햇빛으로 살아가잖아. 그러니 모두 한 가족이나 마찬가지라는 말이야. 똑같이 하늘과 땅의 자식들이니까.

치악산을 바라보다가 너무 이야기가 길어졌나?

조한알 할아버지는 바로 치악산 산그늘 아래, 맑은 봉천이 흘러가던 마을에서 태어났단다. 매일 아침 치악산 봉우리 너머로 해가 떠오르면 수정처럼 맑은 봉천 물이 눈부시게 반짝거렸어. 마치 햇살과 도란도란 이야기를 나누는 것처럼 말이야. 할아버지는 서울에서 학교에 다닌 딱 10년을 빼놓고는, 평생 이 봉천을 친구 삼아 원주에서 살았단다.

밤똥은 닭이나 누는 거지 사람도 눈다더냐

1928년, 할아버지가 태어난 무렵은 우리가 일본에 강제로 지배를 받고 있던 때였지. 그해는 경성에서 처음으로 시내버스 열 대가 다니기 시작한 때래. 그때는 서울을 경성이라고 불렀어. 하지만 경성에서 꼬박 사흘을 걸어가야만 닿을 수 있는 원주는 경성과는 무척 다른 곳이었어. 치악산에는 아직도 호랑이가 살아서 대낮에도 아이들은 산 가까이에 얼씬도 못했대. 그러니 전깃불도 없는 캄캄한 밤에 뒷간에 가는 일이 얼마나 무서웠을지는 어렵지 않게 짐작할 수 있겠지?

"어머니, 배가 아파요."

이불 속에 웅크리고 있던 아이가 울상이 되어 말했어.

"우리 일순이 배탈이 났구나. 명절 음식에 뱃속이 놀란 모양이네."

일순이가 누구냐고? 응, 조한알 할아버지의 진짜 이름이 장일순이야. 어, 할아버지는 조 씨가 아니라 장 씨? 그럼 조한알은 무슨 뜻이냐고? 미리 다 이야기해 주면 재미없을 테니까 천천히 일순이 이야기를 한번 들어 봐.

어머니는 따뜻한 손으로 일순의 배를 쓰다듬어 주었어. 하지만 뱃속에서는 꾸륵꾸륵 얼른 뒷간으로 달려가라고 신호를 보내고 있었지. 결국 일순은 등불을 든 아버지 손을 잡고 밖으로 나갔어.

뒷간은 집안에서 30~40미터는 떨어져 있었어. 네 살 난 일순의 걸음으로는 100발자국도 넘게 가야 할 먼 길이야. 화장실을 뒷간이라고 불렀던 건 화장실이 지금처럼 집 안에 있었던 게 아니라 뒷마당에 따로 떨어져 있었기 때문이란다. 그러니까 큰 볼일은 당연히 아침이나 훤할 때 봐야 하는 거지. 물론 똥구덩이에 널빤지를 걸쳐 놓은 뒷간은 일순에게는 낮에도 가기 힘든 곳이었어. 작은 가랑이를 쭉 벌려야만 겨우 널빤지 위에 오를 수 있었거든.

문틈으로 아버지가 빤히 보이는데도 어찌나 무서운지, 일순은 뒤는 닦는 둥 마는 둥 냅다 뛰어나갔지. 그런 일순을 보고 아버지가 빙그레 웃으며 말씀하셨어.

"밤똥은 닭이나 누는 거지, 어디 사람도 밤똥을 눈다더냐. 저 닭장 앞에 가서 큰절 세 번 하고 들어가거라."

일순은 닭장 앞에 가서 두 손을 모으고 구부렁구부렁 큰절을 했어. 뱃속이 후련해졌으니 닭한테 절을 하는데도 기분이 좋았지.

"밤똥은 닭이나 누는 거지 어디 사람도 눈다더냐!"

그러면서 절을 하면 '꼬꼬댁!' 하고 닭들이 대답을 했어. 우습지? 똥 누고 왔다고 닭장에 대고 큰절을 하라고 시키다니 말이야. 하지만 일순은 아버지 말씀대로 따라하면서

'정말 닭이 나보다 나은 게 아닐까?' 하고 생각했어. 그래도 누가 보는 것은 창피해 얼른 절을 하고 들어갔지. 아무튼 다시 닭장 앞에서 절을 하지 않으려면 배탈이 나지 않게 조심하는 수밖에 없다고 다짐하면서 말이야.

이렇듯 옛날 어른들은 집에서 기르는 닭이나 소한테서도 세상 이치를 배우도록 했단다. 살아 있는 모든 것들을 소중히 여기도록 가르친 거야.

뒷간에서부터 이야기를 시작하니까 얼굴을 찡그리는 친구들도 있겠지? 하지만 옛날 뒷간은 지금 우리들이 쓰는 수세식 화장실과는 차원이 다른 곳이란다. 옛 어른들은 오줌은 밖에서 누더라도 똥은 꼭 참았다가 집에 와서 누도록 했어. 왜냐고? 똥이야말로 밭을 기름지게 하는 제일 중요한 거름이었으니까. 심지어 조선 시대에는 재를 버리면 곤장 30대를 때리고 똥을 버리면 곤장 50대를 때린다는 법도 있었대. 재와 똥을 그만큼 귀하게 여겼던 거지. 그러니까 뒷간은 그냥 버려지는 똥통이 아니라, 밥상에 올라올 곡식과 채소들을 길러 주는 귀한 곳간이었던 거야.

한밤중에 똥 누러 나갔다가 닭장 앞에서 머리를 조아리게 된 꼬마 일순은 자라서 똥과 밥이 다시 하나가 되어야 지구가 건강하게 살 수 있다고 믿게 되었댄다. 그리고 어른이 되어서도 두고두고 닭장 앞에서 절하던 일을 생각했대. 살면서 '정말 닭이 사람보다 낫구나!' 싶은 생각이 들 때가 많았던 거야. 닭뿐 아니라 발밑에 기어가는 개미 한 마리, 깨알 같은 꽃다지 한 송이도 마찬가지라고 생각했지.

할아버지가 가장 좋아한 할아버지

"일순아! 뭐 하니? 이리 와라!"

울타리 밑에서 살구를 따려는 일순을 할아버지가 불렀어. 수염이 성성한 할아버지는 바가지를 들고서 허리를 굽혀 가며 마당에서 뭔가를 열심히 줍고 있었지. 일순은 아기 얼굴처럼 주홍색으로 변해 가는 살구 한 알을 따서 얼른 할아버지에게 달려갔어.

"너 지금 뭐 한 거냐?"

할아버지는 허리를 펴고는 뒷짐을 진 채 말했어.

"배가 고파서 살구 좀 따먹으려고요."

"살구는 익어야 따먹는 거야. 그리고 살구는 네 아범이 심은 거지 네가 심은 게 아니잖니?"

순간 일순의 얼굴이 살구처럼 발그레해졌지.

"살구가 잘 익으면 다 따서 할머니, 할아버지, 그리고 아버지, 어머니, 형님이랑 동생, 또 일 봐 주시는 아주머니, 아저씨들하고 나눠 먹어야지."

"예."

일순은 할아버지 말씀은 차마 거스를 수가 없었단다. 한 번도 손자에게 회초리를 든 적이 없는 분이었지만 아버지와 어머니가 가장 어려워하고 공경하는 분이니까 일순은 당연히 할아버지가 제일 무섭다고 생각했어.

할아버지는 다시 허리를 굽혀 마당 구석구석을 살폈지. 마치 그 모습이 위엄 있는 멋진 수탉 같았어. 일순이 할아버지가 들고 있는 바가지 안을 들여다보니 콩알이 한 줌 담겨 있었어. 흙바닥에 떨어져 있던 콩알을 도로 주워 담고 계셨던 모양이야. 살구 한 알도 여럿이 나누어 먹어야 한다고 가르쳐 주신 할아버지는 작은 콩 한 알도 허투루 땅에 흘리지 않는 분이었어.

 일순은 어려서부터 이렇듯 존경하는 할아버지 품에서 글공부를 했단다. 다섯 살 무렵이었을 거야. 일순이 할아버지 앞에 무릎을 꿇고 앉아 천자문을 외고 있었어. 밖에서 또래 아이들이 뛰어노는 소리가 자꾸 문지방을 넘어왔어. 그러니 제 글 읽는 소리보다 친구들 목소리가 자꾸 귀를 간질였겠지. 그러다 보니 똑같은 글자를 수십 번 따라 읽는데 단 세 글자도 외우지를 못하는 거야.

"일순아!"

보다 못한 할아버지가 일순을 불렀어. 일순은 울상이 되었어.

"옛날에 아주 머리 둔한 아이가 있었는데 삼 년 내내 '하늘 천, 따 지, 검을 현, 누를 황'만 읽었단다. 그런데 그 아이가 나중에 자라서 '천지현황(天地玄黃) 삼년독(三年讀) 언재호야(焉哉乎也) 하시독(何時讀)'이라고 시를 지었단다. 무슨 소린지 아니?"

"아니요……."

"천지현황 읽는 데 3년 걸렸으니 천자문 맨 끝에 있는 글자 언재호야는 언제 읽을까 하는 거야."

일순은 갑자기 웃음이 나오려는 걸 꾹 참았어. 꼭 자기 얘기 같았거든.

"아무리 머리가 나빠도 열심히 노력하면 언젠가는 꼭 되는 게야. 너도 그러면 된다. 오늘은 그만 나가 놀아라."

그러자 금세 아침 햇살에 빛나는 해바라기처럼 일순의 얼굴이 환해졌단다.

'설마 천지현황 네 글자 외우는 데 삼 년씩이나 걸리겠어?'

할아버지 말씀을 듣고 보니 자신감도 생겼지.

할아버지는 나중에 일순이 요즘 초등학교인 보통학교에 들어가고 나서도 변함이 없으셨대. 성적표가 나오면 일순이 형님과 누님은 만날 1등인데, 일순은 아주 잘해야 3등이고 보통은 5등에서 8등 정도였다는구나. 잘한 거라고? 물론 그렇지. 하지만 형님들이 워낙 뛰어나니까 주위에선,

"일순이는 먹통이네!"

하는 말까지 했대. 너희도 남과 비교당하는 거 정말 싫지? 그런데 말이야, 일순의 할아버지만은 성적표를 보고,

"일순이 잘했구나. 앞으로 더 잘해라."

하고 쓰다듬어 주셨대.

그럼, 일순은 공부는 뒷전이고 노는 것만 좋아했을까? 아니. 자신이 부족하다고 생각하니까 오히려 평생 책을 가까이 하고 훌륭한 사람들 이야기를 귀담아들었어. 그건 아마 모자라도 늘 잘한다고 응원해 준 할아버지 덕분일 거야.

모자라니까 더 많이 채워지는 거야

"화순아, 나도 같이 가자."

 일순이 모처럼 화순을 따라 냇가로 나갔어. 화순은 세 살 아래 개구쟁이 동생이야. 화순은 대문 밖으로 나오자마자 어머니가 지어 주신 고운 삼베옷을 훌렁 벗어서 문틈에 숨겨 놓고 냇가로 달려 나갔지. 집 앞 둑 아래 봉천에는 아이들이 팬티 바람으로 모여 있었어. 봉천은 동네 아이들이 즐겨 찾는 수영장이고 목욕탕이야. 또 피라미, 참마자, 수

수미꾸리, 퉁가리 같은 물고기들이 가득한 천연 냉장고이기도 해. 아이들은 그 자리에서 멱 감으며 물고기 잡고, 제가 놀던 물로 생선죽을 끓여 먹으며 놀았단다.

그 가운데에서도 물고기 잡는 데는 화순을 따라올 아이가 없었어. 그때는 일본에 나라를 빼앗겼던 탓에 식량도 배급을 받아 먹어야 했던 어려운 시절이었어. 그래서 돈이 있어도 밥상에서는 고기를 구경하기 힘들었지. 하지만 화순이 냇가에 나가기만 하면 일순네 밥상이 푸짐해지는 거야.

"형도 한 번 해 볼래?"

책만 좋아하는 줄 알았던 형이랑 같이 냇가에 나오니까 화순은 기분이 좋았어. 형 손에 낚싯대를 쥐여 주는데 어깨가 으쓱해졌지. 그런데 일순은 손이 떨리는지 낚싯대를 제대로 들고 있지도 못했어. 사랑방에서 무릎을 모으고 붓글씨를 쓸 때와는 딴판이었지. 화순은 붓 대롱보다 열 배, 스무 배 긴 낚싯대는 아무리 오래 쥐고 있어도 힘들지 않았어. 하지만 일순은 다른 모양이야.

"형, 그게 아니야. 낚싯대를 그렇게 물에 푹 담가 놓으면

어떻게 해."

화순과 일순은 그때는 일본 말로 '게바리'라고 부르던 제물낚시를 하고 있었어. 끝에 털이 달려 있는 낚시바늘을 낚싯줄에 달아 물고기가 파리로 잘못 알고 덥석 물게 하는 방법이란다.

"물에 닿을락말락하게 낚싯줄을 놓아야 파리인 줄 알고 속지. 물고기가 뭐 바보인가?"

말은 그렇게 했지만 화순은 형이 물고기한테 미안해 굳이 낚으려 하지 않는다는 걸 알고 있었어. 형은 늘 그랬거든. 항상 양보하고 져 주기만 했지. 낚시도 결국 물고기랑 머리싸움, 기운 싸움을 해야 하는데 싸우려 하지 않고 져 주려고 하니 물고기가 잘 잡힐 리 없지.

'역시 형은 싸움엔 소질이 없나 봐.'

화순은 형이 들고 있던 낚싯대를 가져다 반짝이는 수면 위에 닿을락말락 드리웠지. 화순 말대로 낚시바늘에 달린 털이 물에 닿아 움직이니까 그 주위로 살랑살랑 물결이 일면서 정말 파리가 달려 있는 것처럼 보이는 거야.

"어, 어! 걸렸다!"

"와! 한 번에 두 마리야. 화순아, 물고기들이 네 그림자만 보고도 벌벌 떠는 것 같아."

화순은 낚싯줄을 들어 올려 펄떡이는 물고기들을 잽싸게 양동이 안으로 집어넣고 씩 웃었지.

"형은 그냥 쉬어. 내가 많이 잡아 줄 테니까."

일순은 그런 동생이 참 부러웠단다.

"나는 참 못나고 모자란 사람이에요."

일순은 나중에 어른이 되어서도 항상 이렇게 말했어. 그런 마음으로 세상을 바라보니까 주위 모든 게 선생님처럼 보였나 봐. 그래서 동생이든, 친구든, 어린아이든 가리지 않고 스승으로 삼았고, 심지어 길가의 풀 한 포기에게도 항상 겸손하게 배우려고 했지.

그릇이 비어 있어야 맛난 음식을 가득 담을 수 있어. 배가 고파야 음식이 더 맛있고 말이야. 항상 내 배가 부르고, 아는 게 많아서 생각 주머니가 꽉 찼다고 여기는 사람은 조한알 할아버지처럼 새로운 걸 배우기가 쉽지 않단다.

 붓을 들고 독립운동을 한 차강 선생님

　일순은 우리 나라가 태풍 속에 요동치던 조각배처럼 어지러운 때 학교에 다녔단다. 맨 처음 들어간 학교는 오늘날 초등학교인 원주보통학교였지.

　"우리들은 대일본 제국의 신민(臣民)입니다. 우리들은 마음을 합하여 천황 폐하에게 충의를 다합니다……."

　허리춤에 칼을 찬 선생님들이 어린 학생들에게 아침마다 이런 맹세까지 시키던 때였어. 그나마 일순은 보통학교에서 우리 말 공부를 할 수 있었지만, 동생 화순이 학교에 갈 무렵에는 아예 조선말을 가르쳐 주지도 않았다는구나.

그러다 보니 일순이 가장 좋아하는 선생님은 오히려 학교 밖에 있었어. 어려서부터 붓글씨를 가르쳐 주시던 할아버지의 친구, 차강 박기정 선생님이야.

일순은 고사리 손으로 먹을 갈았어. 벼루에 떨어뜨린 맑은 물이 까맣게 윤기가 흐르고 끈적해질 때까지 동그랗게 먹을 문지르면서 말이야.

"먹은 하늘을 나는 새의 힘으로 갈아야 된다. 대신 붓은 황소를 잡는 힘으로 쥐어야지."

먹 가는 손에 힘이 들어가는 것 같으면 할아버지가 이렇게 일러 주지. 하늘을 나는 새의 힘으로 먹을 갈라니 그게 무슨 뜻일까? 먹을 빨리 갈고 싶으면 손에 힘을 주고 벼루에 빠르게 문지르면 될 것 같지만 그러면 안 된다는 거야. 벼루 바닥을 어루만지듯 정성껏 갈라는 뜻이야. 그러다 보면 먹을 갈고 있다는 사실조차 잊어버릴 만큼 마음이 고요해지지.

 차강 선생님이 아이 주먹만 한 큰 붓으로 벼루를 쓸어내리면 힘들게 갈아 놓은 먹물이 금세 말라 버렸어. 그러면 일순은 이마에 땀방울이 송송 맺히도록 또 먹을 갈아야 했어.
 차강 선생님은 몸집도 작은 분이야. 그런데 이 어른이 붓만 쥐면 팔뚝에서 무쇠 같은 힘이 솟아나는 것 같았어. 붓 끝에서 살아 춤추는 듯 부드러운 난초가 피어나는 것은 마치 마술 같았단다. 딱딱한 지팡이에서 난데없이 장미꽃이

활짝 피어나는 마술 말이야. 차강 선생님은 황소도 때려눕힐 것 같은 힘으로 붓을 쥐고서, 황소의 콧김에도 금세 쓰러져 버릴 것 같은 여린 풀잎을 그렸어. 그건 온몸의 기운과 정신을 붓끝에 모아야만 할 수 있는 일이야. 단단한 크레파스를 꾹꾹 눌러 그리는 것과는 참 많이 다르지. 일순은 어려서부터 그런 먹그림을 배웠단다.

평소 글씨와 그림은 할아버지가 직접 가르쳐 주었는데, 차강 선생님이 오면 특별히 일순의 글씨와 그림을 봐 주곤 했지.

"일순아, 차강 선생님은 스무 살 때 유인석 장군 밑에서 일본군과 싸우던 의병이셨다."

할아버지는 붓을 든 일순에게 차강 선생님의 숨은 이야기들을 들려주셨어.

"그래서 일본 사람들은 선생님 글씨를 받아 가고 싶어도 감히 엄두를 못 내는 게야."

그뿐만이 아니었어. 차강 선생님은 그림과 글씨를 팔아 그 돈을 만주에서 독립운동을 하고 있는 사람들에게 보냈어.

　차강 선생님이 오는 날이면 글과 그림을 좋아하는 사람들이 일순네 사랑채로 구름처럼 몰려들었지. 일순은 그런 선생님 앞에서 붓을 잡는 게 자랑스러웠단다.

　'선생님은 젊었을 때는 칼로, 나이가 들어서는 붓으로 일본이랑 싸웠던 분이야!'

　차강 선생님 곁에서 글씨를 쓰고 있으면 일순은 가슴이 콩닥콩닥 뛰었어. 선생님 옷자락에서 바람이 느껴지는 것 같았거든. 만주 벌판을 달리는 독립군들이 맞던 바람 말이야.

학교에서 쫓겨나도 부끄럽지 않아

　　원주에서 보통학교를 졸업한 일순은 경성으로 유학을 떠났단다. 경성에는 일순의 할아버지가 오래전에 마련해 둔 집이 있었어. 원래 일순 위로 철순이라는 형이 있었거든. 원주에서 신동이 났다고 어려서부터 칭찬이 자자하던 형이었어. 그 집은 철순이 크면 경성으로 보내 공부를 시키려고 일찌감치 준비해 둔 집이었지. 하지만 철순은 보통학교를 다 마치지도 못한 채 병으로 죽고 말았어. 일순은 죽은

형 몫까지, 가족들의 기대를 한몸에 안고 경성으로 떠났어. 어깨가 무거웠지. 형이 떠난 빈자리가 아직도 허전한데, 이제는 자기가 진짜 맏형 노릇을 해야 한다는 것을 깨달았거든. 집을 떠나는 일순은 더는 어린 소년이 아니었어. 어느덧 마음의 키가 훌쩍 자란 청년이 되어 있었지.

경성은 일순이 나고 자란 원주와는 모든 것이 달랐어. 고향에선 먹 감고 빨래도 하던 봉천 물을 집으로 길어다 먹었지. 하지만 경성에서는 어디서 오는지도 모르는 물이 수도꼭지만 틀면 콸콸 쏟아져 나왔어. 나라 밖 낯선 세계에서 새로운 지식들도 수돗물처럼 마구 쏟아져 들어왔어. 경성은 배움에 목마른 사람들에겐 오아시스 같은 곳이었어. 하지만 배움에 목말랐던 사람들이 모두 마음껏 배울 수 있었던 것은 아니었어.

1940년, 경성에 올라온 일순은 배재중학교에 들어갔지. 그때 중학교는 지금으로 따지면 중학교와 고등학교를 더해 놓은 곳이야. 중학교를 졸업한 일순은 경성공업전문학교에 들어갔단다. 하지만 그때는 중학교나 전문학교가 많지 않아 열 명 중에 두어 명 정도만 상급 학교에 들어갈 수 있었어. 또 일본은 조선인이 일본 사람보다 똑똑해지는 것을 원하지 않았어. 그래서 학교 공부라고 해도 고작 일본 사람들이 편하게 부릴 수 있는 만큼만 가르치려고 했지. 더구나 일순이 경성에 와서 공부할 때는 일본이 한창 전쟁 준비에 열을 올리고 있을 때였어. 그래서 학생들마저 군복을 입고 학교에 다녀야 했지. 학교에서는 수업 시간을 줄이고 '노력 동원'이라는 이름을 붙여 학생들을 일터로 내몰았단다. 혹시 산에서 껍질이 벗겨진 소나무 밑동에 V자 모양으로 칼자국이 나 있는 걸 본 적이 있니? 그게 다 그때 일제가 석유 대신 쓸 송진을 긁어 모으라고 시켜서 생긴 상처란다.

그러다 1945년, 드디어 우리 나라가 일본으로부터 해방되었어. 일순이 경성공업전문학교에 다닐 때였지. 학생들은 이제야 비로소 지긋지긋한 전쟁 준비 대신 공부다운 공부를 할 수 있게 되었다고 기뻐했어. 그렇지만 해방의 기

뽐도 잠시, 학생들을 화나게 하는 일이 생겼단다.

"아니, 우리 학교가 없어진다니 무슨 소리야?"

서울에 있는 전문학교 학생들이 술렁였어. 학교 분위기는 마치 태풍이 몰려오기 바로 전 하늘처럼 무거웠어. 그때 서울에서는 경성의전·치전·법전(지금의 의과 대학, 치과 대학, 법과 대학) 같은 여러 전문학교들이 고등교육을 맡아 학생들을 실력 있는 사람으로 길러 내고 있었단다.

"전문학교들을 모두 합쳐 새 국립대학을 만든대."

"아니 전문학교를 모두 대학으로 키워도 모자랄 판에 멀쩡한 학교를 없앤다니 말이 돼?"

강의실이건 도서관이건 식당이건 학생들은 모이기만 하면 모두 새 국립대학 이야기뿐이었어.

"나라 살림이 어려워 학교를 합친대. 그런데 하필 일본 놈들이 만든 경성제국대학을 중심으로 새 학교를 만들 게 뭐야."

"그뿐 아니야, 새 대학 총장은 미국 해군 대위래."

서울에 있는 전문학교들을 하나로 합쳐 국립 서울대학교

를 만들겠다는 미군정의 법령이 발표된 거야. 미군정이 뭐냐고? 일본이 연합군에 지면서 제2차 세계대전이 끝났잖아. 그때 우리 나라도 해방이 되었지. 그런데 연합군은 애꿎게도 북위 38도 지점에서 우리 나라를 남과 북으로 나누었어. 그러고는 일본군을 몰아낸다며 남쪽에는 미국군이, 북쪽은 소련군이 들어왔어. 이때 미국 군인들이 우리 나라에 들어와 통치하게 된 것을 미군정이라고 부른단다.

전문학교 학생과 교수들은 미군정이 내린 결정에 반대했어. 어린 시절부터 일본 사람 밑에서 조선말과 글자도 빼앗긴 채 공부했던 사람들이니 반대하는 게 당연했지.

'나라를 되찾은 마당에 남의 나라 군인을 총장으로 둔다니……. 말도 안 되지.'

일순도 이런 결정에 화가 났어. 그래서 친구들과 함께 새 국립대학을 만들겠다는 정부의 결정에 반대하는 운동을 했지. 학교에 있는 벽이란 벽은 온통 국립대학 설치를 반대하는 벽보들로 가득 찼어.

"국립대학 설치안을 반대한다!"

"미국인 총장 물러가라!"

학생들은 수업도 포기한 채 거리로 쏟아져 나왔지. 방학을 맞아 고향으로 내려간 학생들도 둘레 사람들에게 새로운 국립대학에 반대하자고 호소했어. 그래서 나중에는 온 나라 57개 학교에 다니는 5만여 학생들이 국립대학을 세우는 데 반대한다는 뜻으로 동맹휴업을 벌이기도 했단다. 하지만 시간이 가자 사람들 의견은 찬성과 반대로 갈라졌어. 그러던 것이 찬성하는 쪽이 더 많아지면서는 국립대학을 세우는 데 반대하는 사람들은 모두 미군정을 반대하고 공산당을 지지하는 세력으로 몰리기 시작했어. 그러다 보니 학교는 정상적으로 수업을 할 수 없는 지경에 이르렀지. 결국 정부는 국립대학을 세우는 데 반대한 학생과 교수들을 모두 쫓아냈단다. 우리 나라 첫 국립대학교인 서울대학교는 이런 아픈 일을 겪고 만들어졌단다.

일순이 다니던 경성공업전문학교는 그대로 서울대학교 공과대학으로 바뀌었지. 하지만 일순은 새로운 학교에서 공부할 수 없었어. 국립대학을 세우는 데 반대했던 교수 3

백80명과 학생 4천9백56명이 무더기로 학교에서 쫓겨났는데 일순도 그 가운데 한 사람이었던 거야.

불 꺼진 방 창틈으로 달빛이 새어 들어와 일순의 얼굴에 어른거렸어. 밤이 깊었는데도 통 잠을 이루지 못했단다. 천장을 올려다보니 고향에 계신 할아버지와 부모님 얼굴이 떠올랐어. 그토록 어렵다는 입학시험에 합격했다고 대견해 하며 짐 보퉁이를 싸 주던 모습 말이야. 까까머리 배재중학교 시절도 생각났어. 전찻삯을 아끼려고 먼 길도 마다 않고 걷고 또 걷던 등하굣길, 그 길을 같이 걸으며 꿈을 이야기하던 친구들, 힘없고 굶주린 조국을 구하려면 청년들이 열심히 공부하는 길뿐이라고 격려하던 선생님들……. 처음 영화관에서 활동사진을 보았을 때처럼 추억들이 스쳐 지나갔단다.

'조용히 시키는 대로 공부만 했다면 이런 일은 없었겠지. 아, 학교에서 쫓겨났다는 걸 알면 어른들이 얼마나 속상해 하실까.'

그날따라 밤은 더 길고 새벽은 한없이 멀게 느껴졌어.

'하지만 비겁하게 나 혼자 잘 살자고 학교에 남았으면 부모님들이 좋아하셨을까?'

일순은 고개를 저으며 눈을 감았어. 늘, 하늘과 사람에게 부끄럼 없이 살자고 하던 할아버지 말씀이 떠올랐기 때문이야. 그것은 할아버지한테서 아버지에게, 아버지에게서 일순에게, 그리고 나중에는 일순의 자식과 손자에게까지 이어진 장씨 집안의 가훈이야.

'그래, 학교에서 쫓겨난 것은 부끄러운 일이 아니야. 나라야 어떻게 되든 혼자서만 잘 살겠다고 궁리하는 게 진짜 부끄러운 거지.'

하지만 일순은 여전히 가슴이 아팠어. 국립대학을 만드는 문제를 두고 생각을 달리한 사람들끼리 몹시 미워하고 있었거든. 특히 학생들은 아예 편을 갈라 싸우는 일도 많았지. 일순은 서로를 미워하는 마음이 우리 나라 사람들을 더욱 멀리 갈라놓지 않을까 걱정했던 거야.

'미국을 믿지 마라. 소련에 속지 마라. 일본이 일어선다.

조선은 조심하라.'

 그때는 글을 배우지 못한 시골 노인들마저 이렇게 말하고 다닐 만큼 우리 나라는 힘센 여러 나라들 틈바구니에서 혼란스러웠어. 일순은 일본이 물러난 틈을 타고 들어온 외국 군대 밑에서 자기 혼자만 살겠다고 아첨하는 정치인들을 믿을 수가 없었지.

 '동포들끼리 생각이 다르다고 서로 미워하고 싸우기만 하면 정말 큰일이 날 텐데……'

 이것이야말로 청년 장일순이 잠을 이루지 못하는 진짜 이유였어.

밥이 사람을 살렸네

 1950년 6월, 한반도가 전쟁터로 변해 버렸어. 우리가 흔히 6·25라고 부르는 한국전쟁이 일어난 거야. 하지만 북쪽 인민군이 38선을 넘어 서울로 내려오기 오래전부터 이미 사람들 마음속에서는 전쟁의 불씨들이 자라고 있었어. 일순이 잠을 못 이루며 걱정하던 일들이 정말 일어나게 된 거야.

 "형, 큰일 났어. 원주 시내가 불바다가 됐대."

동생 화순이 다급하게 뛰어 들어오며 말했어.

"그래, 나도 들었어. 피난 못 간 동네 사람들이 폭격에 많이 죽었다는데……."

일순은 경성공업전문학교에서 쫓겨난 뒤 서울대학교 미학과에 새로 들어가 공부를 계속하고 있었어.

"식구들은 무사할까?"

"폭격을 피했다 해도 인민군 때문에 괜찮을까 몰라. 소문을 듣자 하니 땅 가진 지주들은 인민재판 때문에 힘들다고 하던데……. 이러고 있을 게 아니야. 우리 어서 원주로 가자!"

일순은 동생과 함께 보따리를 쌌어. 쌀과 감자, 냄비 하나 밥주발과 수저 두 벌만 챙겨서는 서울을 떠났지. 낮에는 삶은 감자로 끼니를 때우면서 걷고 또 걸었어. 불볕더위에 포탄 연기까지 자욱해 땅 위에 불을 지핀 것처럼 견디기 어려운 더위가 계속됐어. 형과 아우는 늘어진 호박 이파리처럼 맥이 없었지. 가족들 시신이라도 찾게 해 달라는 심정이었으니 얼마나 마음이 무거웠겠니.

"아니, 이게 누구야? 일순이랑 화순이 아니냐. 세상에 얼굴이 말이 아니구나."

꼬박 사흘을 걸어서 도착한 고향 어귀에서 아주머니 한 분이 먼저 일순 형제를 알아보고는 반갑게 맞아 주었어.

"어서 들어와라. 얘, 냉수부터 내와라."

한동네에서 자란 아주머니 딸내미가 우물에서 퍼 올린 시원한 물을 내주었지. 일순이 물을 받아 벌컥벌컥 마시는데 갑자기 목울대가 꽉 막히는 것 같았어. 겁이 나기 시작한 거야. 이 물을 다 마시고 나면 식구들 사고 소식을 듣겠구나 싶었던 거지.

"내 밥 지어 올 테니까, 이제 다리 뻗고 좀 쉬거라. 기운 내서 얼른 식구들한테 가 봐야지."

"네? 아주머니, 그럼 저희 식구들이 살아 있어요?"

"그럼, 지금 모두 만닥골에 가 계셔."

"폭격은요?"

"그 전에 다들 피하셨어. 다친 사람 하나 없으니까 걱정하지 마."

"그랬군요. 우린 이미 이 세상 분들이 아닌 줄 알고……. 저희 손으로 장사라도 지내야겠다는 맘으로 오는 길이에요."

"무슨 소리, 오히려 자네들 걱정에 눈이 빠지실 게야."

아주머니는 금세 따뜻한 밥을 지어다 내놓으셨어.

"인민군들 들어온다는 소식 듣고 동네 사람들이 너도나도 너희 집으로 달려갔어. 다들 걱정이 되었던 거지."

밥상 위에는 김이 모락모락 나는 밥과 김치보시기, 간장 종지가 전부였지만 얼마 만에 구경하는 따뜻한 밥이었는지 몰라.

"그동안 어르신한테 논밭 부쳐 먹던 사람들이 어디 한둘이야. 어떻게 그 신세를 잊을 수 있겠어. 서로들 자기 집으로 모셔 가겠다고 난리였지."

밥상 앞에 마주 앉은 형제는 가슴이 울컥해졌어. 인민군이 밀려오자 가난한 농민들은 자기들을 괴롭히던 못된 지주에게 복수한다고 낫을 들고 나섰어. 그런데 일순네 집은 달랐던 거야.

일순과 화순은 밥 한 숟가락을 겨우 떠넘겼을 뿐인데도 목에서부터 뜨거운 기운이 온몸으로 퍼져 가는 걸 느꼈어.

'그래. 이 밥이야. 이 따뜻한 밥이 식구들을 살린 거야.'

일순은 어려서부터 손님이 끊이지 않았던 고향 집을 생각했단다. 손님 중 절반은 대개 동냥 온 사람들이었어.

"얘, 어멈아, 손님 오셨다."

할아버지가 부르는 소리를 듣고 돌아보면 바가지를 들고 온 거지들이 문 앞에 와 있었어. 그러면 어머니는 얼른 부엌으로 달려가서 따뜻한 밥을 한가득 담아내 주셨지. 날이 추운데 동냥 바가지도 없이 온 사람에겐 아예 따뜻한 안방을 내주고, 정성껏 밥상을 차려 주셨단다.

일순과 화순은 학교에 갔다 오면 늘 찬밥만 먹는데도, 수확을 끝내고 찾아오는 소작인들한테는 꼭 따뜻한 밥을 지어 주셨어. 할아버지는 항상

땅에서 땀 흘린 사람들, 정성껏 벼를 키운 사람들에게 가장 귀한 밥상을 차려 주라고 하셨던 거야.

토지개혁 때도 할아버지는 먼저 소작인들에게 땅을 물려주었어. 해방이 되고 난 뒤 우리 나라 사람들이 가장 큰 관심을 두고 있었던 것은 땅 문제였단다. 우리 나라 사람들 거의 대부분이 농민이었으니까 땅은 농민들 삶의 전부였지. 그런데 자기 땅이 없는 사람들은 가을걷이가 끝나고 나도 여전히 배가 고팠단다. 논밭에서 땀 흘려 일해 거두어 들인 농작물을 땅 주인과 일본 정부가 가져가고 나면 남는 게 거의 없었거든.

"우리가 추수 때마다 받아먹은 곡식이면 땅값은 치르고도 남는다. 이제 다 땀 흘린 사람들에게 돌려주거라."

할아버지 뜻에 따라 아버지는 글을 모르는 소작인들을 위해 땅문서까지 직접 만들어 주셨지. 또 할아버지는 추수가 끝나고 나서도 소작인들이 부치는 땅에는 절대 가 보는 일이 없었어. 보통은 땅에서 얼마나 수확했는지, 땅 주인 몫은 어느 정도인지 세어 보라고 소작인들이 불렀는데도 말이야.

"땀 흘려 키운 거 뭘 세어 보러 가나. 주시는 대로 그냥 감사히 받아먹으면 되는 거야."

이런 할아버지였기에 지주라면 무조건 반동으로 몰리던 무시무시한 때에도 소작인들이 먼저 걱정하고 감쌌던 거야.

'고맙습니다!'

일순은 밥을 삼키면서 기도했어. 눈앞에 놓인 따뜻한 밥 한 그릇이 예사로이 보이지 않았어.

머릿니 때문에 죽을 뻔한 목숨

"야, 너, 거기 모자 벗어 봐!"

모자를 푹 눌러쓴 일순에게 총을 든 군인이 소리쳤어. 인민군에게 밀려 낙동강까지 쫓겨 갔던 국군이 북쪽으로 올라오던 때였어. 어제까지만 해도 인민군 세상인 것처럼 붉은 깃발이 휘날리던 원주 읍내에 태극기를 앞세운 국군이 들어오자 사람들은 술렁이기 시작했단다. 인민군 밑에서 쥐 죽은 듯 숨어 지내던 사람들은 비로소 숨통이 트였지.

하지만 반대로 인민군 편에 있던 사람들에겐 끔찍한 일이 기다리고 있었어. 국군이 주민들 속에 숨어 있는 적을 찾아내려고 눈에 불을 켜고 있었기 때문이야.

일순이 모자를 벗자 짧게 깎은 까까머리 위로 햇살이 눈부시게 반짝거렸어.

"이 새끼, 인민군 아니야? 이리 나와!"

군인은 총부리로 위협하며 사람들 속에 있던 일순을 끌어냈어.

"아닙니다. 전 이 때문에 머리가 가려워서 이렇게 머리를 민 것뿐입니다."

하지만 일순의 이야기는 통하지 않았어.

많은 식구들이 좁은 방에서 모여 살던 난리 통에는 머릿니가 극성을 부렸단다. 가만히 있어도 배고픈 사람들 몸에 이가 달라붙어서는 극성스럽게 피를 빨아먹었어. 일순은 가족을 만난 뒤로, 인민군에게 끌려가지 않으려고 한동안 산속에 숨어 지냈거든. 그러니 제대로 씻을 수도 없었어. 가려움을 참다못한 동생은 일찌감치 머리카락을 밀어 버렸지. 그런데 일순은 한동안 참고 버티다가 하필 국군이 들어오기 바로 전에 머리를 깎았던 거야. 깡마른 얼굴에 머리까지 빡빡 밀어 버리고 나니 일순은 영락없이 인민군 같았지. 그때 국군과 인민군은 서로를 알아보기 힘든 밤에는 머리를 만져 보고 적을 가려내기도 했대. 앞머리가 약간 긴 국군과 달리 인민군은 이마부터 머리카락을 짧게 밀어 버렸거든.

"살려 주세요. 제발!"

"저는 정말 빨갱이가 아니에요."

여기저기에서 끌려온 사람들이 살기 위해 몸부림쳤어. 눈앞에서 식구들이 끌려가도 똑같은 빨갱이 아니냐는 소리가 무서워 소리 내 울지도 못했단다. 빨갱이는 공산당을 낮춰 부르는 말이었어. 그러니까 빨갱이라는 소리를 들으면 적으로 몰려 총살을 당하고 마는 거야. 군인들이 빨갱이라고 가리킨 사람은 사실과 상관없이 그대로 처형되었지. 전쟁 동안에는 제대로 된 재판이나 법을 기대할 수 없었단다. 총을 쥔 사람이 명령하면 그것이 바로 법이 되는 무서운 세상이었던 거야.

도살장으로 끌려온 소, 돼지처럼 겁에 질린 사람들은 제 손으로 자기가 묻힐 구덩이를 파야 했어. 일순도 제 손으로 판 구덩이 속에 갇혔어.

'여기 끌려온 사람들이 모두 진짜 공산당일까?'

일순은 하늘을 올려다보았지. 기가 막혔어.

'요전에는 인민군에게 붙잡히더니 이젠 국군들이 날 죽이는구나. 죄 없는 우리가 왜 서로 적이 되어야 하지?'

피난길에 오른 사람들 가운데에서도 특히 젊은 청년들은 인민군과 국군 모두에게 의심을 받았어. 지난번 서울에서 원주로 오던 길에 만난 인민군들도 일순을 붙잡고 몸수색을 했어. 인민군들은 일순의 발목에 난 상처를 보고 국군 부상병으로 오해했단다. 어릴 때 뜨거운 목욕물에 덴 상처였는데 말이야.

"동무! 전쟁 때 다친 게 어떻게 이렇게 빨리 아물겠소! 생사람 잡지 마시오."

그때는 동생 화순이 인민군들에게 당차게 따져 물어서

겨우 살아남았어. 하지만 지금은 곁에 일순이 공산당이 아니라는 걸 밝혀 줄 사람이 아무도 없었어.

탕! 탕! 총소리가 울려 퍼졌어. 깜짝 놀란 일순이 정신을 차리고 보니 저쪽 끝 구덩이에 있던 사내가 비명도 지르지 못하고 풀썩 고꾸라졌어. 다시 탕! 탕! 한 구덩이에 두 발씩 총알이 날아갔어. 맨 마지막은 일순 차례야.

일순은 떨리는 손으로 천천히, 이마에서 가슴으로 십자가를 그었어. 이제 그것밖에는 할 수 있는 일이 없었어. 보통학교를 졸업하면서 할아버지, 할머니부터 가족 모두가 세례를 받던 날, 어린 가슴을 콩닥콩닥 뛰게 했던 성당의 커다란 십자가가 보이는 것 같았어. 이제 총알이 목에 걸린 묵주 십자가를 부수고 심장을 향해 날아올 거야.

그때 갑자기 소대장이 소리쳤어.

"잠깐, 사격을 멈춰! 저 사람은 끌어내라!"

소대장이 일순의 목에 걸린 십자가를 보았던 거야.

"저 사람은 빨갱이가 아니다!"

구사일생이란 이런 걸 두고 하는 말이야. 보통 공산당은

종교인들을 미워한다고 생각했기 때문에 소대장은 십자가를 보고 일순이 공산당이 아닐 거라고 생각한 거야.

우리 말에 '초가삼간 다 타도 빈대 죽는 것만 시원하다'는 속담이 있단다. 제 마음에 들지 않는 것만 없어지면 중요한 게 어찌되든 상관하지 않는 어처구니 없는 경우를 두고 하는 말이야. 국군과 경찰이 빨갱이를 잡거나, 인민군이 반동분자를 처형할 때도 저 속담처럼 무고한 사람들까지 죄다 잡아 죽이는 어처구니없는 경우가 많았어. 게다가 평범한 사람들은 누가 '적'인지도 딱히 알 수 없는 전쟁이었어. 그저 식구들 밥 굶지 않게 해 주고 목숨을 위협하지 않으면 우리 편이고, 사랑하는 사람에게 총부리를 들이대면 그게 바로 적이었지. 일순은 기적처럼 목숨을 건졌지만 이런 어처구니 없는 일들에 가슴이 아팠지. 머릿니 때문에 귀한 목숨을 잃을 뻔한 것도, 십자가 하나에 목숨을 구한 것도 일순에게는 두고두고 가슴 아픈 일이었어.

아이들을 내 손으로 가르치겠어

　무서운 전쟁이 끝났단다. 전쟁은 참 많은 것을 송두리째 빼앗아 갔어. 산과 들과 마을이 잿더미로 변해 버렸고, 그러는 가운데 우리 나라 사람들은 여섯 명에 한 명 꼴로 죽거나 다쳤지. 하지만 휴전선이 그어지고 총 소리와 대포 소리가 멈추었다고 해서 전쟁이 완전히 끝난 것은 아니었어. 사람들은 전쟁으로 잿더미가 되어 버린 땅 위에서 계속 살아가야 했으니까. 전쟁 때보다 더 끔찍하고 힘든 시간이 오랫동안 이어졌단다.

"형, 아이들 꼴이 말이 아니에요."

"그러게, 전쟁이 일어나지 않았다면 한창 학교에 다닐 텐데……."

원주 읍내 피난민 수용소에 있는 아이들을 본 일순 형제는 가슴이 아팠어. 서울에 있는 좋은 학교에서 공부를 했던 형제는 갈 곳 없는 원주의 청소년들이 안타까웠던 거지. 아이들은 구걸을 하거나 양지 바른 곳에 모여 앉아 이를 잡으며 배고픔을 달랬어. 한 끼라도 배불리 먹는 일 말고는 다른 꿈을 꿀 여유조차 없었지.

전쟁이 끝난 뒤 원주는 사람들로 넘쳐 났어. 인제에 있던 국군 1군 사령부가 원주로 옮겨 오면서 군인들을 따라 온 사람, 북한에서 피난 왔다가 그대로 눌러앉은 사람들로 북적였지. 그러니 학교에 가야 할 아이들도 넘쳐 났어. 하지만 학교 교실과 선생님은 턱없이 모자랐단다. 그나마 전쟁통에 원주로 피난 왔던 춘천의 학교들마저 원래 있던 곳으로 돌아가 버렸어. 그러니 사람들은 막막하기만 했지.

'내 손으로라도 아이들을 돌봐야겠어.'

일순은 학교에 못 가는 아이들을 모아 형편 되는 대로 가르치기 시작했어. 가족들은 일순에게 전쟁도 끝났으니 다시 서울로 돌아가 남은 공부를 마치라고 말했어. 하지만 일순은 고개를 저었어.

'졸업장이 뭐가 중요해. 그게 없어도 난 아이들을 가르칠 수 있어. 나 하나 학교에 다닐 돈이면 여기 아이들 수십 명은 더 공부할 수 있을 거야.'

일순은 아이들을 가르치는 일이 힘들 때마다 전쟁 때 죽은 오창세 형이 떠올랐어.

'이럴 때 형이 곁에 있으면 얼마나 좋을까.'

창세 형은 일순의 먼 친척인데 천도교를 믿었지. 창세네 집에서는 천도교를 널리 알리려고 포교소를 운영하기도 했어. 일순은 어려서부터 창세 형과 가깝게 지냈지. 특히 일찍 형을 잃은 일순에게는 친형처럼 가까운 사람이었지. 창세 형은 원주 읍내에 처음으로 책방을 차린 사람이기도 해. 책방 옆에는 그림과 음악을 감상할 수 있는 공간을 만들어 원주의 젊은이들에게 새로운 세계를 열어 주었어. 책과 그림을 좋아하는 일순은 그곳이 더할 나위 없이 편안했어. 하지만 책방은 폭격으로 흔적도 없이 사라졌고, 형도 전쟁 때 빨갱이로 몰려 처형을 당했어.

일순은 창세 형이 골라 주는 책을 읽으며 밤이 깊도록 이야기를 나누던 일들이 떠올랐어. 형은 해월 선생님 이야기를 할 때면 어김없이 눈시울을 붉혔어. 동학의 2대 교주이자 모든 사람이 하느님 대접을 받는 세상을 만들겠다던 해월 선생이 바로 원주에서 관군에게 붙잡혀 가셨거든. 일순은 그런 형의 얼굴을 잊을 수가 없었어. 창세 형은 일순에게 세상을 바라보는 눈을 키워 준 사람이었던 거야.

'창세 형이 내게 해 준 것 처럼 나도 원주 아이들에게 꿈과 희망을 주고 싶어.'

일순이 처음 아이들을 가르치기 시작한 곳은 성육고등공민학교였어. 학교 건물도 따로 없어서 원주향교 건물을 빌려서 수업을 했지. 공민학교가 뭐냐고? 해방이 된 뒤 우리나라에는 학교가 턱없이 부족했어. 그래서 정식으로 학교에 다니지 못하는 사람들을 모아서 가르치는 곳들이 생겨났는데 바로 그곳이 공민학교란다. 고등공민학교에서는 일반 중학교 과정을 가르쳤어. 제때 학교에 가지 못한 사람들이 모이다 보니 공민학교에는 선생님보다 나이가 많은 학생들도 많고 결혼한 학생들도 여럿 있었단다. 그래도 배우고 가르치려는 사람들의 열정만큼은 대단했어.

"아이들이 공부를 계속하고 싶어 해도 학교가 없습니다. 멀리 춘천이나 서울까지 가야 해요. 먹고살기도 빠듯한 이곳 사람들에겐 막막한 일이죠."

어느 날 고민하던 일순은 가족들에게 어렵게 입을 열었어. 원주에 고등학교를 세워야 할 것 같으니 집안에 남아 있던 땅을 내놓자고 부탁한 거야. 성육고등공민학교가 어려워지자 일순이 아예 교장이 되어 학교 살림을 떠맡고 있던 때였어. 그때 원주에는 고등학교라고는 농업학교 한 곳밖에 없었어. 그래서 공민학교를 마친 학생들은 계속 공부를 하고 싶어도 할 수 없었지. 그것이 안타깝고 답답했던 일순이 팔을 걷어붙이고 나선 거야. 여러 사람들의 뜻을 모아 인문계 고등학교를 세워야겠다고 생각한 거지. 그런데 정작 교육부 허가를 받는 게 쉽지 않았어. 그러려면 적지 않은 돈이 필요했던 거야.

일순의 할아버지는 원주에서 내로라하는 부자였어. 하지만 토지개혁 때 앞장서서 땅을 나누어 주었던 터라 남아 있는 땅이라곤 조상을 모신 산과 식구들이 농사를 지어 먹고살 땅뿐이었어. 그런데 일순은 그것마저 학교를 세우는 데 쓰겠다는 것이었지.

"네 뜻은 이해하지만 학교를 세우는 게 어디 한두 푼 가지고 되겠니? 그러니까 원주에서 힘깨나 쓴다는 유지들도 모두 손들고 마는 거 아니니?"

가족들은 걱정을 했어. 특히 아버지는 큰 아들이 당장 제 식구들 살기도 힘든 집안 형편에 무심한 것 같아 서운했지. 하지만 일순은, 학교를 세우는 일은 동생들의 미래를 위해서도 꼭 필요하다고 생각했어. 집안 형편이 어려워져 일순의 어린 동생들도 더 이상 서울로 유학을 갈 수가 없

었거든.

"지금 이대로는 희망이 없어요. 저는 우리 아이들이 걱정 없이 학교에 가고, 사회에 나가서도 제 몫을 할 수 있었으면 합니다."

결국 가족들도 일순의 뜻을 따랐단다. 일순이 존경하는 할아버지도 원주에 처음 공립 보통학교와 농업학교가 생길 때, 아무 조건 없이 많은 땅을 내놓았거든.

학교를 만드는 것은 한 사람의 힘만으로는 이룰 수 없는 큰일이란다. 공민학교 학생들도 젊은 선생님들과 힘을 합쳐 교실 터를 다지고 주춧돌 놓는 일을 함께했어. 아침이면 으레 공사장에 쓸 큰 돌멩이들을 책 보따리 안에 싸 짊어지고 학교에 왔지. 비라도 내리는 날이면 누가 시키지 않았는데도 모두가 삽을 들고 달려왔어. 공사장에 물꼬를 트고 무너진 길을 고치는 일에 모두가 앞장섰단다. 그만큼 학교는 아이들에게 소중한 꿈이었던 거야.

수많은 사람들이 힘을 모아 만든 학교는 큰 대(大) 자와 이룰 성(成) 자를 써서 '대성'이라고 이름 지었어. 대성학교 뜰에는 일순이 직접 붓글씨로 교훈을 써서 새긴 비석도 세웠단다.

'참되자!'

비석 뒤쪽에는 학교를 세우는 데 함께했던 소중한 사람들의 이름도 정성껏 적어 넣었지. 그런데 사람들 이름 맨 앞에는 '설립자 장윤'이라고 적혀 있었어. 나중에 비석을 보고 이상하게 생각한 사람들이 물었어.

"아니, 설립자는 당연히 '이사장 장일순'이라고 적어야지요."

사람들은 일순이 학교를 세우기 위해 밤낮 없이 뛰어다니며 고생한 것을 잘 알고 있었으니까. 하지만 일순은 웃으며 말했어.

"우리 아이들을 가르칠 수 있는 학교가 생겼는데 그런 게 뭐가 중요해. 윤이가 애를 많이 썼잖아."

대성학교는 스물여섯 살 청년 장일순의 가슴을 활화산처럼 타오르게 했어. 하지만 일순은 자기 이름을 드러내는 일 따위엔 관심이 없었던 거야. 언제나 궂은 일은 도맡으면서도 박수를 받을 때는 슬쩍 뒤로 물러서는 그런 사람이었지. 그러니 일순 곁에 있는 사람들은 항상 빛이 났지. 대성학교 설립자라고 비석에 적힌 장윤은 바로 대성학교 첫 교장이자 대성학교를 세우는 데 함께한 일순의 친한 친구였단다. 학창 시절 일순의 선생님은 두 사람을 보고 이런 말까지 했대.

"윤이야, 너는 앞으로도 일순이만 잘 따르면 걱정이 없겠다."

칭찬 받을 일에 친구를 내세우는 일순을 선생님도 기특하게 여긴 거야.

새집도 짓고 새 식구도 맞고

"여기가 어머니 아버지 쓰실 안방 자리고, 건넌방, 마루, 그리고 저쪽 문간방은……."

들판 한가운데 모인 식구들이 새로 지을 집터를 고르고 있었어. 전쟁 통에 폭격으로 집이 무너져 내리고 난 뒤, 일순네는 한동안 움막에서 살았어. 길가 움막이었던 터라 군용 트럭이라도 지나가고 나면 온 집 안이 뽀얗게 흙먼지를 뒤집어 썼어. 그만큼 허술한 곳이었지. 학교를 세우는 데 힘을 쏟느라 식구들 살 집은 변변하게 꾸려 가지 못했던 거야. 그러다 이제 드디어 봉천 건너편 봉산동에 새집을 짓기로 한 거지. 손재주 많은 셋째 동생 상순이 꼼꼼하게 설계한 집 모양을 설명했어.

"여기는 나중에 큰 형님이 결혼하면 쓸 방이니 특별히 신경 쓰세요."

"우리 형님은 자나 깨나 학교 생각밖에 안 하니 어디 여성들이 눈에 들어와야 말이죠."

학교 일에만 빠져 있다 보니 일순은 어느덧 노총각 소리를 듣게 되었어. 하지만 새들이 알을 품기 위해 둥지를 꾸리는 것처럼, 일순도 새로운 보금자리에 새로운 식구를 맞이하게 될 터였지. 해거름 붉은 햇살이 봉천을 건너오더니 금세 산허리를 붉게 물들이고 있었어. 그런 꿈을 꾸는 일순의 얼굴도 발그스름하게 달아올랐단다.

집 짓는 일에는 아버지와 형제들이 모두 힘을 합쳤단다. 어느새 머리가 희끗희끗해진 아버지도 농사일을 돌보는 틈틈이 일을 거들었고, 일순과 동생들 역시 학교가 끝나면

돌 지게를 져 나르고 흙 벽돌을 찍으면서 새집을 만들어 갔지. 하지만 학교 일에 바쁜 일순보다는 동생들이 더 애를 많이 썼단다. 그래서 일순은 동생들이 자랑스러우면서도 늘 미안했지. 특히 막내 예순을 보면 마음이 짠해졌단다. 산으로 땔감 구하러 가는 일, 뒷간 똥지게 퍼 나르는 일처럼 힘쓰는 일은 어려서부터 막내가 도맡아 했지. 그만큼 고맙고 듬직한 동생이었어. 게다가 형님 밑에서 학교를 다니느라 고생을 톡톡히 하고 있었지. 그때 상순과 예순 모두 형님이 세운 대성학교 학생이었거든. 일순은 집에서는 큰 형님이지만 학교에 가면 선생님이면서 또 이사장이기도 했지.

형님이 선생님이면 좋겠다고? 과연 그럴까? 막내 예순의 이야기를 들어 보면 그렇지 않은가 봐. 예순은 사실 어릴 때 어디 형님이 없는 먼 곳으로 도망가고 싶었다는구나. 왜냐고? 선생님 장일순은 학생들을 야단을 칠 때면 항상 동생들부터 본보기로 불렀거든.

"예순이, 너부터 앞으로 나와라!"

일순은 학생들 사이에서 인기가 좋았지만 한번 회초리를 들면 아주 무서웠지. 그러니 본보기로 꾸중을 들어야 하는 동생들은 얼마나 힘들었겠니. 그런데 일순은 그것도 모자라 학생들에게 직접 자신의 종아리를 때리게 한 적도 있었어. 학생들이 잘못을 저지르는 것은 자신이 잘못 가르친 탓이니 자신이 맞겠다는 것이었지. 그러다 종아리가 시퍼렇게 멍이 들어서 혼자 걸을 수조차 없게 된 일도 있어. 그날은 동생이 끄는 손수레에 실려 집으로 가야 했지. 젊은 이사장 장일순은 오로지 학생들을 바르게 가르치고 싶었던 거야.

할아버지가 되어 하회탈처럼 미소 짓는 인자한 인상으로 찍은 사진을 보면, 회초리를 든 무서운 선생님 장일순의 모습을 상상하기 힘들단다. 나중에 제자들이 매 맞던 옛날이야기를 꺼내면 "허허, 내가 그랬나!" 하면서 얼굴을 붉혔다는구나. 일순도 나중에는 무서운 회초리보다 더 좋은 약이 있다는 것을 알게 되었지. 선생님이라고 모두 다 완벽하지는 않아. 하지만 학생들은 일순이 남다른 선생님이라는 것을 알고 있었어. 학생들 속에서 일순도 함께 배우며 계속 자라고 있다는 것을 느낄 수 있었거든.

장일순과 아내 이인숙을 맺어 준 사람도 일순의 이런 성품을 좋게 본 원주여자고등학교 선생님이었어. 이 선생님이 단짝 친구인 인숙에게 좋은 청년이 있다고 소개한 거야.

"일단 한번 만나 보라니까. 말이 필요 없어. 대통령감이라고 원주에서는 칭찬이 자자해."

인숙은 친구 성화에 못 이겨 맞선 보는 자리에 나갔어. 친구가 입에 침이 마르도록 칭찬한 남자가 과연 어떻게 생겼을까 궁금했지. 하지만 정작 맞선 자리에 나가서는 부끄러워서 고개도 들지 못했단다. 인숙은 수재들만 다닌다는 경기여자고등학교를 나와서 서울대학교 사범대학까지 졸업한, 흔히 말하는 엘리트 처녀였어. 콧대도 높고 새침할 법한데 정작 인숙은 가슴이 뛰어 일순의 얼굴을 똑바로 쳐다보지도 못했대. 첫인상이 어땠냐고? 글쎄, 그날 인숙은 일순의 코밖에 못 보았다는구나.

그때부터 원주에 있는 일순과 서울에 있는 인숙은 편지

를 주고받기 시작했어. 일순이 편지를 써 놓으면 동생들이 서울 올라가는 길에 인숙에게 편지를 배달했단다. 문자 메시지에 전화로 얼굴까지 보면서 통화하는 요즘 연인들이랑은 참 다르지? 그럼, 사랑 고백은 어떻게 했을까? 이인숙 할머니가 들려주신 이야기를 대신 전해 줄게. 그러니까 장일순이란 청년이 이인숙이란 처녀 가슴 속으로 성큼 걸어 들어온 날 이야기야.

두 사람은 찻집에서 도란도란 이야기를 나누다가 공원으로 함께 걸어가며 데이트를 하고 있었어.

"제가 이쪽으로 걸을게요. 한쪽 귀가 잘 안 들려서요."

찻집에서 나온 일순이 갑자기 인숙의 오른쪽으로 자리를 바꾸며 말했어.

"네?"

놀란 인숙이 고개를 들어 일순을 바라보았지.

"어릴 때 집에서 일하는 아저씨가 저를 업고 가다 개울에서 넘어졌어요. 그때 한쪽 귀를 다쳤는데 제대로 치료를 못 받아 귀가 잘 안 들려요."

일순이 한쪽 귀를 만지작거리며 빙긋 웃었어.

'어머, 이 사람 참 정직하구나!'

다른 사람 같으면 장애가 있다는 사실을 숨기고 싶어 할 텐데……. 인숙은 눈에 보이지도 않는 것을 먼저 이야기하는 일순을 보고 놀랐어. 아픈 데를 보여 주는 일순의 눈빛은 참 맑아 보였지. 그 말을 듣는 순간 한쪽 귀가 들리지 않는다는 게 전혀 허물처럼 느껴지지 않았어. 오히려 좋아하는 사람에게만 살짝 보여 주는 보물처럼 느껴져 인숙은 기분이 좋아졌어. 그런데 이 얘기를 듣고 보니까, 그런 점을 좋게 바라볼 줄 아는 인숙의 마음도 참 고운 것 같지 않니?

이렇게 해서 서울 처녀 이인숙은 원주 총각 장일순과 결혼하게 되었단다. 인숙이 시집온 낯선 땅 원주에는 서울처럼 수도 시설이 있는 게 아니라서 여전히 물을 길어다 써야 했고 아궁이에 군불도 때야 했어. 집안일이 무척 많았던 거야. 하지만 남편과 시동생들이 손수 땀 흘려 기둥을 세우고 벽을 만든 봉산동 토담집은 세상 어느 곳보다 아늑

했단다.

　새색시 인숙은 이 집과 함께 나이를 먹고 아이를 낳고 또 할머니가 되었지. 울타리에 심은 어린 측백나무들이 어른이 된 아들 키를 훌쩍 넘긴 지금까지도 살고 있고 말이야. 이 집을 지은 일순의 가족들보다 더 오래 이 집에서 산 셈이야. 나중에 할아버지가 된 일순도 아내를 가리키며 이렇게 말했대.

　"우리 집 주인은 내가 아니고 저 양반이야. 나는 건달이고 하숙생이지."

　그만큼 이 집에 대한 인숙의 사랑도 대단했던 것 같아.

평화통일을 꿈꾸면 죄가 되나요

 옛날 중국에 살았던 노자라는 사람이 좋은 임금에 대해 이렇게 말한 적이 있대.

 "가장 훌륭한 임금은 백성들이 임금이라는 자가 있는지만 겨우 알도록 하는 이고, 그 다음 가는 임금은 백성들이 존경하는 이고, 그 다음은 백성들이 두려워하는 임금이고, 마지막은 백성들로부터 업신여김을 받는 이다."

 그런데 불행하게도 우리 나라에는 '백성들이 두려워하거

나 업신여기는' 지도자들이 많았단다. 그래서 나라를 걱정하는 사람들은 정치를 바로 세우는 일이 무엇보다 중요하다고 생각했지. 젊은 시절, 일순도 그런 마음으로 국회의원 선거에 나섰단다. 4·19 혁명으로 이승만 대통령이 청와대에서 쫓겨난 1960년 여름의 일이었어.

"아니, 형! 정말 죽고 싶습니까? 조봉암 선생이 사형 당한 지 이제 겨우 1년밖에 안 됐어요."

동생 화순은, 사회대중당 후보로 선거에 나서기로 한 일순을 말렸어. 화순은 대성학교에서 아이들을 가르치며 늘 형을 곁에서 도와 왔어. 하지만 이번에는 꼭 형을 말려야겠다고 생각했어.

'사회대중당은 위험해! 다른 당 대통령 후보도 죽여 버리는 무서운 세상인데 형에게 무슨 일이 일어날지 몰라.'

사회대중당은 진보당의 뜻을 이어 만든 새로운 정당이었어. 그런데 바로 1년 전 진보당 대통령 후보였던 조봉암이 간첩죄로 서대문형무소에서 사형을 당하는 일이 있었단다.

"내 나이 딱 환갑입니다. 병으로 죽은 사람, 자동차에 치여 죽은 사람도 많은데 평화통일 운동을 하다 이렇게 떳떳하게 죽으니 얼마나 기쁩니까."

사형이 확정된 뒤에 조봉암이 마지막 면회에서 한 말이란다. 평화통일 운동이 죄가 된다고? 그래, 지금은 믿을 수 없는 일이지. 하지만 그때는 전쟁이 난 지 겨우 10년 밖에 지나지 않은 때였어. 당시 이승만 대통령은 휴전이 된 뒤에도 계속 북쪽으로 쳐들어가 공산당을 무찔러야 한다고 생각했어. 하지만 국민들은 이제 평화롭게 살고 싶어 했지. 전쟁이 얼마나 끔찍하고 무서웠는지 모두 생생하게 기억하고 있었으니까. 그래서 국민들 사이에서는 북한과 전쟁을 하지 말고 평화통일을 하자는 조봉암과 진보당의 인기가 높았지. 이승만은 대통령 선거에서 지게 될까 봐 두려웠던 거야. 결국 선거를 포기하지 않으면 쥐도 새도 모르게 죽여 버리겠다고 야당 후보들을 협박하고, 깡패들을 시켜 선거운동을 하는 사람들에게 폭력까지 휘둘렀어. 그러면서 자신을 반대하는 사람들을 헐뜯기 시작했지. '공산당과 싸우지 말고 평화통일을 하자는 사람은 간첩이다!' 라고 공격하면서 말이야. 북한 공산당을 괴물이나 늑대 모습으로 그려 놓고 '무찌르자! 때려잡자!' 하고 외치던 시절이었거든. 그러니 간첩이나 빨갱이 소리를 듣는 것보다 무서운 일은 없었던 거야.

화순은 조봉암이 사형 당하던 날 목 놓아 울던 일순의 모습이 떠올랐어. 형이 사회대중당 후보로 출마하려는 뜻도 충분히 이해할 수 있었어. 하지만 아무리 이승만 대통령이 물러났다고는 해도 드러내 놓고 '평화'를 이야기하기에는 여전히 위험한 세상이었던 거야.

일순도 동생이 걱정하는 마음을 모르지는 않았어. 하지만 무섭다고 모른 척하고 있으면 세상은 절대 달라지지 않는다고 생각했지.

"바로 휴전선 너머에 사는 동포들이랑 하나가 되자는 건데……. 또 다시 전쟁을 치러 서로를 다 죽이는 게 무슨 통일이란 말이야."

전쟁 통에 남쪽과 북쪽 군인들 손에 죽을 뻔했던 일순이잖아. 일순은 누구보다 간절하게 평화를 원했어.

'다시는 그런 일이 되풀이되어서는 안 돼. 내가 당선되는지 안 되는지가 중요한 게 아니야. 사람들에게 왜 평화 통일이 중요한지 바로 알려야 해!'

일순은 그런 마음으로 선거에 나선 거란다.

"지금 우리 민족에게는 힘이 없습니다. 그렇다고 언제까지 미국이나 소련의 간섭을 받으며 살아야 합니까? 우리가 자유롭고 평화롭게 살기 위해서는 하루빨리 통일을 해야 합니다. 하지만 어느 한쪽이 서로를 없애는 그런 통일이 되어서는 안 됩니다. 스위스처럼 중립국 형태로 하나가 되어야 합니다."

일순은 유세장에서 우리 민족이 나아가야 할 방향에 대해 목소리 높여 이야기했어. 교단에서 학생들을 가르칠 때의 뜨거운 마음 그대로, 정치인은 국민에게 올바른 길을 알려 주어야 한다고 믿었던 거지.

"젊은 사람이 어쩜 저렇게 똑똑하고 말도 잘할까!"

"선생이 달리 선생인가? 저렇게 깨끗한 젊은이가 나서야 이 나라가 바로 서지."

후보들 가운데 가장 젊고 흠 잡을 데 없는 청년 장일순은 인기가 대단했어. 그때 장일순은 서른두 살이었어. 원주 사람들은 일순이 학교를 세우고 학생들을 가르치는 데 얼마나 열심이었는지 잘 알고 있었지. 그래서 어르신들도 한참이나 나이가 어린 일순에게 꼬박꼬박 '장 선생님'이라고 부르며 존경했거든. 또 어찌나 말을 잘하는지 유세장에 모인 사람들은 눈빛이 초롱초롱한 학생들처럼 일순의 연설에 빨려 들어갔단다.

그 시절 일순은 아침이면 항상 부모님 요강부터 내다가 두엄 더미 위에 붓고, 말끔히 씻어다 놓으며 인사 드렸어. 선거를 치르는 바쁜 때에도 그 일은 하루도 거르지 않았어. 냄새 나는 오줌도 귀한 거름으로 만드는 농부의 마음. 정치 역시 그렇게 국민들의 터전을 기름지게 가꾸는 일이라고 믿었지. 일순은 그 믿음 하나로 하루 종일 발이 부르트도록 사람들을 만나면서 새로운 세상에 대한 꿈을 이야기했단다. 밤늦게 녹초가 된 몸으로 집에 돌아오면 아내는 갈라진 목을 달래라고 참기름 동동 띄운 달걀을 내주었지.

'정치인들도 이렇게 남 아픈 데를 먼저 알고 쓰다듬어 주면 얼마나 좋을까. 나라 살림을 할 때도 이렇게 먼저 손

을 내밀어 주어야 하는데…….'

그런데 과연 선거 결과는 어땠을까? 안타깝지만 일순은 당선되지 못했단다. 사실 그때는 막걸리 선거, 고무신 선거라는 말이 유행할 정도로 선거가 제대로 치러지지 않았어. 투표 전날 유권자들에게 고무신 한 켤레씩 사다 주고, 막걸리 푸짐하게 받아다 주면 사람들은 그 후보에게 표를 던져 주곤 했거든. 그만큼 선거가 투명하지 않게 치러진 거야. 일순을 응원하던 많은 사람들이 안타까워했지. 하지만 그보다 더 슬픈 일이 기다리고 있었단다. 화순이 걱정하던 대로 아주 무서운 일이 닥쳐온 거야.

무서운 감옥도 인생의 학교란다

1961년 5월 16일 새벽, 한 무리의 군인들이 한강을 넘어 서울로 들어왔단다. 군인들은 총을 들고 정부가 있던 중앙청과 방송국을 차지했어. 새벽 5시, 라디오는 애국가가 끝나자마자 '혁명'이 일어났다는 소식을 알렸어. 군인들은 국민들을 향해 '혁명공약'이라는 것을 되풀이해서 들려주었지. 반공을 이 나라 정책의 으뜸으로 삼는다는 내용이었어. 반공은 공산당에 반대한다는 뜻이지.

4·19 혁명이 일어나 이승만 독재 정권이 무너진 뒤, 국민들은 북한과 통일이 되길 진심으로 바랐어. 대학생들은, "오라, 남으로! 가자, 북으로! 만나자, 판문점에서!"라고 외치며 남북대학생회담을 열려고 준비했지. 하지만 권력을 잡은 군인들은 이승만 대통령과 다르지 않았어. 공산당과 싸우지 말고 평화통일을 하자는 사람들의 입을 아예 막아 버린 거야. 총과 탱크를 앞세워 권력을 잡은 사람들이니 더욱 무서웠지. 법이나 정치는 더 이상 아무 소용이 없었어. 결국 5월 16일 이후 평화통일을 주장하던 정치인과 학생들은 줄줄이 감옥으로 끌려갔단다.

서른세 살, 어느덧 두 아이의 아버지가 된 장일순을 군인들은 그냥 내버려 두지 않았어. 군인들은 일순을 빨갱이로 몰아세웠어. 사회대중당 후보로 나와 평화통일을 이야기한 게 빌미가 된 거야. 이승만 정권 때는 대통령 후보였던 조봉암이 사형을 당했지만 그래도 엉터리나마 재판 절차를 거쳐 사법부 이름으로 내려진 판결을 따른 것이었어. 하지만 이제는 법을 아예 무시한 채 총을 들고 반란을 일으킨 군인들 세상이 되었으니 언제 어떻게 반대파들을 죽여 버릴지 알 수가 없었지.

군인들은 '빨갱이' 때문에 어지러워진 나라를 바로잡기 위해 어쩔 수 없이 '혁명'을 일으켰다고 했단다. 하지만 지금은 그때의 일을 혁명이라고 하지 않고 '5·16 군사정변' 또는 '5·16 군사쿠데타'라고 불러.

나중에 할아버지가 된 일순도 이렇게 말했어.

"혁명은 그런 게 아니야. 내가 생각하는 혁명이란 따뜻하게 보듬어 안는 것이야. 마치 닭이 알을 품어 병아리를 까듯이 새로운 것이 태어나게 하는 거지. 폭력으로 자기와 생각이 다른 상대를 죽여 없애는 건 혁명이 아니야."

일순이 군인들에게 끌려간 것은 쿠데타가 일어나고 3일째 되던 날이야. 그때 감옥은 이미 붙잡혀 온 사람들로 가득했어. 불법적으로 권력을 잡은 군인들에게 반대하거나 평화통일을 외치는 사람들은 정치인, 교수, 학생을 가리지 않고 닥치는 대로 잡아 가두었단다.

일순처럼 정치에 대한 생각이 달라 반대 세력에 의해 죄

인으로 몰린 사람들을 정치범이라고 해. 원래 감옥에서는 정치범과 강도나 도둑, 소매치기 같은 일반 범죄자들을 구분해 따로 방을 쓰도록 한단다. 하지만 그때는 갑작스럽게 잡혀 온 사람들이 워낙 많았어. 그러니 교도관들도 미처 사람을 나누어 가둘 형편이 못 되었던 모양이야.

유치장 한쪽 구석에 있는 변기통 냄새가 코를 찌르는 데다, 좁은 방 안에 갇혀 있는 많은 사람들의 살 냄새, 땀 냄새로 유치장 안은 견디기 힘든 지경이었어. 또 방방마다 들어찬 소매치기, 날치기, 좀도둑들은 서로에게 욕설을 퍼부으며 소란을 피웠단다. 그러면 간수들이 달려와 몽둥이로 쇠창살을 두드리며 소리를 지르지. 말 그대로 아수라장이 따로 없었어.

"이봐! 도대체 우리를 뭘로 보고 이런 사람들과 한 방을 쓰라는 거야!"

정치범 한 사람이 간수를 불러 따지기 시작했어. 정치범들은 교도관들도 다른 죄수들처럼 함부로 다루지 못했단다.

"나는 이 사람들이랑은 도저히 같이 못 있겠소. 당장 방을 바꿔 주시오!"

그러자 교도관이 쩔쩔매며 사정을 이야기했어. 하지만 그 정치범은 소리까지 질러 대며 막무가내로 화를 냈지.

그때 구석에 조용히 앉아 있던 일순이 나섰어.

"이제 그만 좀 하시구려. 대체 우리가 이분들과 다를 게 무엇이오? 모두 다 똑같이 귀한 사람들인데……. 이제껏 그런 눈으로 이 사람들을 보아 왔다면 당신은 정말 나쁜 사람이구려."

순간 방 안은 찬물을 끼얹은 것처럼 조용해졌어. 방금 전까지 입에 거품을 물고 소리치던 사람도 그만 얼굴을 붉혔지.

일순은 억울하게 잡혀 왔지만 그렇다고 해서 자신이 특별 대우를 받아야 한다고는 생각하지 않았어. 선거에 출마한 것도 다 힘없고 가난한 사람들이 하늘처럼 귀하게 대접받는 세상을 만들자는 생각 때문이었으니까.

'진리를 찾아가는 사람은 티끌보다 겸손해야 해. 소매치기나 좀도둑은 나와 조금도 다르지 않아. 우리 나라가 정말 살기 좋은 곳이었다면 여기 있는 사람들 누구도 감옥에 오지 않았을 거야.'

일순은 이렇게 생각했어.

"조금만 고집을 꺾고 우리를 도와준다면 당신 앞길은 아무런 어려움 없이 잘 풀릴 거야. 이렇게 좋은 젊은 날을 왜 감옥에서 썩히려고 하나? 집에 있는 가족들을 생각해야지."

 옳지 못한 방법으로 정권을 잡은 군인들은 일순처럼 젊고 똑똑한 사람들을 자기편으로 끌어들이려고 애를 썼단다. 사람들한테 존경 받는 이들을 앞세워 자신들의 잘못을 감추고 싶었기 때문이지. 그래서 감옥에 끌려간 일순에게 협박을 하기도 하고 때로 애원을 하기도 했지. 하지만 일순은 그들과 조금도 타협하지 않았어.

 인도의 독립을 이끈 지도자 간디는 '감옥을 두려워하지

않으면 압력이 거셀수록 더욱 힘이 나는 법'이라고 했단다. 일순은 총칼을 앞세운 폭력 앞에서도 맨몸으로 맞선 간디의 위대한 정신을 존경했어.

"사람들은 돌이나 총칼이 가장 큰 무기인 줄 아는데 사실은 그렇지 않아. 간디는 맨몸이었어. 가진 것이 없으니까 아무런 탈도 없었던 거야."

감옥은 무서운 곳이었어. 하지만 일순은 그런 곳 역시 인생을 배울 수 있는 소중한 학교라고 생각했단다. 그래서 나중에 정치적인 이유로 감옥살이를 하게 되는 후배들에게 이렇게 일러 주곤 했지.

"자네는 지금 수행하기 좋은 기회를 얻은 거라네. 부디 그 기회를 헛되이 보내지 말게나."

하지만 말이 그렇지 감옥에서 수행을 한다는 게 어디 보통 사람들은 상상이나 할 수 있는 일이겠어? 외롭고 힘든 일이라는 것은 어렵지 않게 짐작할 수 있지. 또 갇혀 있는 사람만 견디기 힘든 게 아니잖아. 쇠창살 바깥에서 애를 태우는 가족들에게도 얼마나 서럽고 끔찍한 일이겠어.

일순은 서대문형무소와 춘천형무소에서 꼬박 3년 동안 갇혀 있었단다. 그동안 아내는 세살배기 아들과 젖먹이 둘째를 돌보며 삯바느질로 근근이 살아갔지. 그렇지만 면회를 가서는 남편에게 한 번도 힘든 내색을 하지 않았어.

"바깥 일일랑 걱정 말아요. 우리는 모두 잘 있어요."

너무 고달프고 가난해서 아기 먹일 젖도 제대로 나오지 않는 때였는데 말이야.

'부디 건강하게 살아서 돌아오게만 해 주세요.'

일순의 아내는 오로지 이것만 기도했어.

일순의 어머니는,

"내 이부자리는 펴지 마라. 자식을 감방에 두고 어미가 어떻게 편히 다리를 뻗겠니."

라며 내내 찬 바닥에서만 주무셨지. 그러다 결국은 화병으로 쓰러지고 말았단다.

일순에게도 가족들에게도 고단한 시간이었지만 그 고단함이 일순의 꼿꼿한 정신을 무디게 하지는 못했어.

학교에서도 쫓겨나고

1964년 4월 2일, 꽃샘추위가 가시지 않은 봄날 오후. 교복 차림을 한 고등학생 3백여 명이 플래카드를 들고 거리로 쏟아져 나왔단다. 학생들은 목청껏 구호를 외치며 원주 시청 앞까지 행진을 했지.

"배고픈 우리 살림, 6억 달러로 잘살 수 없다!"

"이완용 2세들아, 각오해라!"

일본과 굴욕적인 외교를 맺은 데 반대하며 거리로 뛰쳐

나온 이들은 일순이 이사장으로 있는 대성고등학교 학생들이었어. 일순이 춘천형무소에서 나와 학교로 돌아온 지 여섯 달쯤 되었을 때였어. 시청 앞 광장은 시위를 지켜보기 위해 몰려든 사람들과 이들을 에워싼 경찰들로 발 디딜 틈이 없었지.

"삼천리 강토와 우리 민족을 돈을 받고 일제에 팔아넘기려는 정부는 물러나라!"

일순이 감옥에 갇혀 있는 동안, 쿠데타를 일으킨 군인 박정희는 군복을 벗고 대통령이 되었단다. 그러고 나서 박정희 대통령은 일본과 회담을 열어 외교 관계를 맺고 싶어 했어. 일본으로부터 돈을 받는 대신 일제 강점기 동안 아무런 일도 없었던 것처럼 모두 잊고 잘 지내 보자는 얘기였어. 사실 이런 이야기는 해방된 뒤로 여러 번 나왔지만 쉽게 마무리 지을 수 있는 일은 아니었어. 우리 민족 전체가 일본에게 당했던 고통을 생각해 보렴. 제대로 된 사과나 보상도 없이 일본과 친구가 되자고 덥석 손을 잡을 수는 없는 노릇이잖아. 그런데 박정희 대통령은 국민들의 뜻과 달리 어떻게든 빨리 한일회담을 매듭짓고 싶어 했어. 국민들은 정부가 일본으로부터 겨우 몇백억 원을 받는 대가로 모든 것을 용서하겠다고 하는 데 화가 났지. 봄을 맞아 새 학기가 시작된 대학교에서부터 연달아 한일회담 반대 시위가 시작되었어. 그해 봄을 알린 것은 꽃 소식이 아니라 시위 소식이었지. 그런데 시위를 벌인 것은 대학생만이 아니었어. 고등학생으로는 전국에서 처음으로 대성고등학교 학생들이 시위를 벌인 거야.

경찰은 잡혀 들어온 학생들에게 뒤에서 조종한 사람이 누구냐고 추궁했어.

"누가 데모하라고 시켰어? 너희 빨갱이 이사장이지?"

"아닙니다. 이건 우리 스스로 결정한……."

퍽! 말이 끝나기도 전에 매질이 시작되었지. 하지만 그것은 심문이라고 할 수도 없었어. 경찰들은 어떻게 해서든 일순에게 죄를 뒤집어 씌우려고 벼르고 있었으니까.

"감옥에서 나온 지 얼마나 됐다고 학생들을 꼬드겨……."

어린 고등학생들까지 시위를 하는 것에 놀란 군사정권은

아예 장일순의 손과 발을 꽁꽁 묶어 버려야겠다고 생각했어. 일순은 감옥에서 나온 뒤로 더는 정치를 할 수 없게 되었는데 이제는 아예 학교에서조차 내몰려고 했지.

하지만 시위는 학생들 스스로 결정한 일이었어. 그때 고등학생들은 지금과는 많이 달랐거든. 학교에 다니면서 결혼도 할 만큼 어엿한 어른 대접을 받았지.

"사람들은 우리 원주가 치악산에 막혀서 큰 인물이 나지 않는다고들 하지. 하지만 큰일 하는 게 좋은 것만은 아니에요. 어디 이완용이 같은 사람이 자기도 큰일 했다고 뻐긴다 한들, 그런 사람을 큰 인물이라고 할 수 있겠어요, 여러분?"

선생님으로 학생들 앞에 선 장일순이 즐겨 하던 말이야. 시위 사건에서 만약 일순에게 책임이 있다면 학생들에게 참된 인물이란 어떤 사람인지를 깨우쳐 준 일일 거야. 시위를 한 학생들은 참된 사람의 도리가 무엇일까 고민하고 행동한 것뿐이야.

고등학생들까지 시위에 나서는 것을 본 국민들은 정부가

어렵게 되찾은 나라를 헐값에 팔아먹으려 한다는 것을 깨닫고 시위에 함께하기 시작했어. 그러다 마침내 정부를 향해 "박정희 정권 물러가라!"고 외치게 됐지. 결국 그해 봄부터 시작된 한일회담 반대 시위는 6월 3일에 이르러서 최고에 다다랐어. 이것을 '대일굴욕외교 반대 6·3 학생운동'이라고 한단다. 박정희 대통령의 독재에 반대하는 싸움의 출발점이었단다. 하지만 결국 일순은 학생들과 학교를 지키기 위해 대성학교를 떠나야 했어.

"일이 이렇게 되었으니 이사장인 내가 책임을 져야지요. 제가 물러나겠어요."

철커덩! 닫힌 교문을 뒤로 하고 학교를 떠나던 날 하늘은 또 왜 그렇게 푸른지.

"힘차라. 대성의 명랑한 건아야. 희망이여, 크거라. 세계를 위하여. 이상을 닦아라. 인류를 위하여."

교가를 부르는 아이들 목소리가 들려오는 것 같았어. 교가의 노랫말도 일순이 직접 붙인 것이었지. 정성을 다한 학교를 떠나며 일순은 말할 수 없이 쓸쓸했단다.

하느님 앞 찰떡궁합, 지학순 주교

1965년, 천주교 원동성당에 새로 온 지학순 주교와 평신도인 장일순이 처음 만났어. 원동성당은 일순이 열세 살 때 요한이라는 이름으로 세례를 받은 곳이었어.

"장 선생, 교황님이 그러셨어요. 숨이 막혀 살 수가 없다, 교회 문 좀 활짝 열어라. 나도 그렇게 울타리도 담도 없이 활짝 열린 교회를 만들고 싶어요. 장 선생이 도와주세요."

천주교회에서 신부님은 대하기 어려운 참 높은 분이잖아. 그런 신부님들 가운데 가장 큰 어른이 주교님이거든. 그런데 주교님이 평범한 신자에게 부탁을 하는 거야. 일순이 무슨 높은 자리에 있던 때도 아니었어. 한 해 전 대성고등학교 학생들 시위에 책임을 지고 학교 이사장 자리에서도 물러난 터라, 식구들과 조용히 포도 농사를 짓는 것 말고는 딱히 맡고 있는 일이 없었어. 그런데도 일순에게 중요한 부탁을 해 주니 일순은 눈앞이 환해지는 것 같았지.

"주교님 말씀을 들으니 제 마음부터 환하게 열리는 것 같습니다."

포도밭을 일구는 틈틈이 붓글씨를 쓰며 마음을 달래고 있었지만, 세상을 위해 조금이라도 더 일하고 싶다는 마음은 변함이 없었지. 그런데 일순의 집 앞에 파출소까지 들어서서 일순을 밤낮 없이 감시하곤 했으니 일순은 손발이 꽁꽁 묶여 있는 것과 다름없었어. 그런데 지학순 주교가 일순에게 날개를 달아 준 거야. 교회는 그나마 정부의 감시도 덜했거든.

그 시절, 교황 요한 바오로 2세는 새로운 교회 만들기 운동을 시작했어. 새로운 교회가 뭐냐고? 크고 높고 멋진 건물을 새로 짓는다는 게 아니야. 주교나 신부 같은 성직자가 아니라 평범한 신자들이 주인 되는 교회를 만들자는 운동이지. 말하자면 왕이나 귀족이 아니라 백성이 나라의 주인이 되어야 한다는 민주주의 정신처럼 말이야. 지학순 주교는 원주 지역, 그러니까 원주교구에 부임하면서부터 그런 일을 함께할 사람을 찾고 있었어. 독재 정권과 맞서 새로운 나라를 만들고 싶어 하던 일순이야말로 안성맞춤이었지.

"우리는 여태 교회에 나와야만 천당에 간다고 했잖아요. 그러면서 신자들을 다스리려고만 했어요. 하지만 나는 하느님의 백성들에게 봉사하러 온 사람이에요."

일순은 이렇게 말하는 주교를 만나 기뻤단다. 사실 신자들 가운데에서도 세상이야 어떻게 돌아가든 출석부에 도장 찍듯 조용히 교회만 나가면 천당에 가게 된다고 믿는 사람들이 많았거든. 일순은 그런 교회가 답답했어. 하지만 지학순 주교와 함께라면 지금까지와는 분명 달라질 거라는 확신이 들었어.

"주교님, 원주교구에는 탄광에서 어렵게 일하는 광부와 가난한 농민들이 많습니다. 우선 이 사람들부터 살펴야 하지 않을까요."

지학순 주교도 일순의 말 한 마디 한 마디가 자기 속을 훤히 읽고 하는 말 같아 흐뭇했지.

"맞아요. 나도 신자를 늘리는 것보다 먼저 가난한 사람들을 잘살게 해 주는 게 하느님 뜻이라고 생각해요."

마흔다섯 살 새 주교 지학순과 서른여덟 살 평신도 장일순은 이렇게 손을 잡았단다. 두 사람은 서로에게 반갑고도 귀한 사람이었지.

그날 밤, 집으로 돌아오는 일순의 가슴은 보름달이 꽉 찬 것처럼 환해졌단다. 캄캄하고 답답한 성당 벽에 매달려 있던 예수님을 목말 태우고 소풍 나가는 기분이었어.

투명한 학교, 믿음을 가르치다

일순은 분명 학교에서 쫓겨났어. 그런데 이상하게도 좁은 교실에서 학생들을 가르치던 때와 비교할 수도 없을 만큼 많은 제자들이 생겼단다. 제자는 학생들만이 아니었어. 농부, 광부, 시장 골목의 할머니, 국밥 집 아줌마, 술집 아가씨, 심지어 구두닦이나 역 앞의 소매치기까지 일순을 선생님으로 따랐어. 뚜렷한 직업도 없이 완전히 빈털터리가 된 일순이 그대로 살아 있는 학교가 되어 버린 것 같았어.

그 학교에는 책상, 의자는 물론, 교과서도 없고, 울타리도 없었지. 일요일도 없고, 방학도 없었어. 물론 누가 1등인지를 가리는 시험도 없었어. 그것은 수많은 사람들의 생활과 인생을 천천히 바꾸어 나가는 이상한 힘을 지닌 학교였어. 물론 겉으로는 잘 드러나지 않았지만 말이야.

일순이 사람들을 만나는 곳이면 그냥 그대로 즐거운 학교가 되었어. 제자들도 일순을 '아무것도 하는 일 없으면서 뭐든 다 하시는 선생님'이라고 생각했지. 눈에 보이지 않지만 실제로 바람을 만들고 날씨를 바꾸는 공기처럼 조용히 세상을 움직인 거야.

공기 같은 '투명한 학교'의 장일순 선생님은 인기가 좋았어. 눈빛이 부리부리해서 앞에 있는 사람을 뚫어져라 쳐다보는 것만으로도 사람을 꼼짝 못하게 하는 힘이 있었거든. 또, 무엇에 대해서든 항상 쉽고 재미있고 머리에 쏙쏙 들어오게 이야기했어. 자, 그럼 그 수업 한번 들어 볼까?

"여러분, 브라보콘 알지요?"

1970년에 처음 나온 브라보콘은 인기 있는 고급 아이스크림이었단다. 보통 아이스크림이 한 개에 5원 할 때 브라보콘은 무려 50원이나 했으니까. '열두 시에 만나요, 브라보콘!' 하고 나오던 광고 노래를 어른 아이 할 것 없이 따라 부르곤 했어. 일순이 농민들을 모아 놓고 협동조합에 대해 이야기를 하다 말고는 느닷없이 그 브라보콘 얘기를 꺼낸 거야.

"그게 얼마예요?"

"50원이죠."

"그걸 누가 정했어요?"

"그거야 브라보콘 만드는 데서 정했겠지요."

"그래요. 재료비랑 광고비랑 또 만드는 사람 월급까지 계산해서 값을 매긴 거란 말이죠. 그런데 쌀은 어때요? 쌀값은 누가 정해요?"

사람들은 웅성거리기 시작했어.

"여기 어디 밥 안 먹고 사는 사람 있어요? 그렇게 중요한 쌀값을 농민들이 정할 수가 없어요. 그래서 우리가 협동조합을 하자는 거예요. 농사지은 사람이 쌀값, 배추 값도 매기고, 그걸 사 먹는 사람도 누가 만든 곡식인지 제대로 알고 고맙게 먹자는 거예요."

장일순 선생님은 이렇게 뭐든 알기 쉽게 가르쳐 주었어. 그러니까 어디를 가나 환영받았지. 교회에서는 지학순 주교의 뜻에 따라 신자들에게 스스로 일어서는 새로운 교회를 만들자고 가르쳤어. 농부와 광부들을 만나면 어떻게 서로 도우며 잘 살 것인가에 대해 가르쳐 주었지.

그 시절 일순이 투명한 학교에서 제일 열심히 가르친 것이 바로 신용협동조합이야. 우리 민족에게는 예로부터 두레, 계, 품앗이처럼 이웃끼리 서로 돕는 아름다운 전통이 있었지. 신용협동조합은 바로 그런 운동을 요즘에 맞게 새로 꾸린 것이라고 할 수 있지.

"십시일반이라고 자기 밥에서 한 숟가락씩만 덜어 내도 금세 밥 한 그릇을 만들 수 있어요. 적은 돈이지만 여럿이 모아 꼭 필요한 사람을 돕자는 게 신용협동조합이에요."

원동성당 평신도 모임 대표를 맡고 있던 일순은 교회에

서부터 신용협동조합을 꾸리기 시작했어. 원주교구는 가난한 신자들이 아주 많은 곳이었거든.

'어떻게 하면 우리 지역 사람들이 가난에서 벗어날 수 있을까?'

이것이 장일순과 지학순 주교의 가장 큰 고민이었어. 신용협동조합은 이런 고민을 풀어 줄 수 있는 좋은 방법이었지. 은행에 갈 엄두도 못내는 가난한 사람들에게 큰 힘이 되어 줄 수 있었거든.

곧이어 일순과 지학순 주교는 천주교회에서 운영하는 진광학교에 '협동교육연구소'도 만들었단다. 학생과 선생님들을 위한 학교협동조합도 만들고, 협동조합이 무엇인지 제대로 가르치는 일도 시작한 거야. 진광학교에는 일순의 동생 화순이 교장으로 있었단다.

그래, 진광학교 협동조합을 보면 신용협동조합이 왜 좋은지 쉽게 이해할 수 있을 거야. 진광학교 학생과 선생님들은 단돈 천 원이든 만 원이든 자기가 원하는 만큼 돈을 내고 협동조합의 회원이 된단다. 그것을 출자금이라고 하지. 그러고 나면 학교 매점에서 빵이나 과자, 참고서 같은 필요한 물건을 싸게 살 수가 있어. 매점은 물건을 파니까 돈을 벌겠지? 그러면 6개월에 한 번씩 그동안 물건을 팔아서 번 돈을 조합원들에게 다시 돌려주는 거야. 그것을 배당금이라고 해. 왜 배당금을 주냐고? 협동조합의 주인은 바로 조합원들이니까.

"야, 넌 배당금 얼마나 받았니?"

"와! 빵 사 먹고 돈도 벌 수 있다니 일석이조네."

짬 나는 대로 쪼르르 매점으로 달려가 군것질을 하던 아이들이 협동조합에서 번 돈으로 배당금까지 받으니 얼마나 신이 나겠니. 조합에서는 돈이 필요한 사람에게 아주 싼 이자로 돈을 빌려 주기도 했어. 그래서 진광학교에서는 돈이 없어서 졸업을 못하는 학생들이 없어졌단다.

"여러분, 돈이 왜 돈인 줄 알아요? 돌고 도니까 돈이에요. 남는 돈은 모자란 사람에게 돌아가야 쓸모가 있어요. 한 사람 주머니 속에만 쌓여 있으면 소용이 없어요."

일순이 생각하는 돈이란 이런 거였어. 그 돈이 돌고 돌 수 있게 한 것은 바로 '신용', 사람에 대한 믿음이었지.

원주는 지금 우리 나라에서 협동조합이 가장 발달한 도시가 되었단다. 돈이 제대로 돌게 만든 신용협동조합은 사람에 대한 믿음의 결과야. 신용협동조합에서 시작한 협동조합은 농민과 소비자가 손을 잡아 만든 생활협동조합, 의사와 환자들이 함께 병원을 세워 만든 의료협동조합, 부모와 교사들이 같이 만든 공동육아협동조합, 그리고 노인생활협동조합으로 이어졌어. 원주에는 태어나서 자라고 죽을 때까지 다른 사람들과 서로 도우며 살 수 있도록 협동조합이라는 틀이 잘 만들어져 있는 셈이야.

주여, 이 땅에 정의를!

1971년 10월 5일 저녁, 성탄절이나 부활절 때보다도 더 많은 사람들이 원동성당으로 모여들었어.

"아니, 웬 사람들이 저렇게 많이 성당으로 몰려가는 거야?"

"소식 못 들었나? 5·16 장학회가 방송국을 세우면서 천주교회에 사기를 쳤대. 칼만 안 들었지 완전히 날강도들이야."

"그럼, 지금 데모하러 가는 거야? 허허, 5·16 장학회는 대통령 동서가 하는 건데, 잘못 건드렸다가 어쩌려고?"

"하느님 백이 센가 대통령 백이 더 센가 어디 한번 보자고. 이러지 말고 우리도 한번 가 보세."

한 해 전인 1970년, 원주에도 MBC 방송국이 세워졌단다. 5·16 군사정변을 일으킨 군사정권이 방송국을 차지하고 자기들 마음대로 운영하고 있던 때였어. 5·16 장학회가 바로 그 일을 맡고 있었지. 그런데 5·16 장학회는 원주에 새 방송국을 세울 때 천주교회를 참여시키면서 많은 돈을 받았어. 교회에서는 방송국을 짓는 데 쓰라고 건물도 내주었지. 그런데 알고 보니 실제 방송국을 만드는 데 필요한 돈보다 터무니없이 많은 돈을 부풀려 받은 것이었어. 그뿐만 아니라 그동안 방송국 살림에서 돈을 빼돌리기까지 했던 거야.

사실 그때는 이런 일들이 새삼스러울 게 없었어. 박정희 정권 아래에서 권력을 가지고 있던 사람들이 부정한 방법으로 돈을 빼돌린다는 것은 누구나 아는, 비밀 아닌 비밀이었으니까. 모두 알고 있었지만 썩은 권력자들이 어떻게 보복할지 몰라 아무도 건드리지 못하고 쉬쉬할 뿐이었지. 하지만 지학순 주교와 일순이 있던 원주교구는 달랐어.

보통 때와 달리 원동성당에는 스무 명 남짓한 다른 성당의 신부들까지 모두 모였지. 과연 몇 명이나 모일까 걱정하던 지학순 주교는 발 디딜 틈 없이 성당을 가득 메운 사람들을 보고 그만 눈물을 흘리고 말았지. 지학순 주교는 목이 멘 채로 이야기했어.

"정의보다 불의가, 착한 사람보다 나쁜 사람이 힘을 얻어 국민이 살기 어려운 나라는 필요 없습니다. 신앙이 바른 사람이라면 기도만 바치는 게 아니라 약하고 불우한 이웃을 돕고 잘못된 일을 바로잡을 줄 알아야 합니다. 그것이 하느님을 믿는 우리가 할 일입니다."

지학순 주교는 그저 교회가 사기를 당했다는 이유로 이 많은 사람들이 모인 것은 아니라는 사실을 똑똑히 밝혔어. 가난하고 힘없는 사람들은 정치가와 권력자들이 썩고 병들어 더는 참고 살 수 없다는 것을 잘 알고 있었어.

지학순 주교와 함께 미사를 준비한 평신도 대표 장일순은 누구보다 가슴이 벅차올랐지. 모두가 주인이 되는 새로운 교회를 만들자고 열심히 사람들을 만난 보람이 느껴졌어. 사실 일순이 감옥에서 나온 뒤로 "너는 빨갱이인데 왜 성당에 나왔냐?" 하며 구박하던 사람들도 있었거든. 하지만 이제는 모두 서로 믿고 돕는 친구들이 된 거야. 그게 다 협동조합 운동의 힘이었어.

지학순 주교나 일순은 무턱대고 하느님만 믿으면 천당에 간다는 공허한 소리를 하지 않았어. 우리가 서로 돕고 잘 살 수 있으면 지금 이 자리가 천당이 될 수 있다고 믿게 해 주었던 거야.

"하느님 나라는 바로 너희들 가운데 있다."

예수님 말씀을 제대로 실천한 거지.

장일순은 주위를 둘러보았어. 그가 아끼는 제자와 후배들이 모두 가까이 있었어. 십자가에 매달린 예수님 얼굴도 환하게 웃는 것 같았어.

미사가 끝나자 플래카드를 든 신자들이 성당 밖으로 쏟

아져 나왔어. 학생들은 물론이고 할머니와 어린아이들까지 모두 하나가 되었지. 누구 하나 두려움에 떨지 않았어. 오히려 놀란 것은 경찰들이었단다. 원주뿐만 아니라 전국 어디에서도 박정희 정권 아래서 이렇게 큰 시위가 일어난 적은 없었거든.

"주여, 이 땅에 정의를!"

"부정부패 뿌리 뽑아 사회정의 이룩하자!"

십자가를 든 신부와 수녀를 따라서 신자들 모두가 한목소리로 외쳤지. 보다 못한 경찰서장이 성당 문 앞으로 달려왔어. 그러고는 주교 앞에 털썩 무릎을 꿇고 빌었어.

"주교님, 제발 저를 밟고 지나가십시오!"

이대로 두었다가는 경찰서장 자리가 그대로 날아갈 판이었거든. 마음 약한 주교는 잠시 머뭇거렸어. 하지만 이내 확성기를 잡고 불호령을 했어.

"비켜라! 경찰관들! 차렷! 뒤로 돌앗!"

우렁찬 목소리에 놀라 얼떨결에 뒤돌아서는 경찰들도 있었단다. 경찰을 보고 긴장했던 사람들도 그만 깔깔 웃어

버리고 말았지. 신부와 수녀들이 앞장서서 시위를 하자 나라 안팎이 발칵 뒤집혔단다. 원주에서는 그날 이후 사흘 동안이나 나라를 위한 기도회와 시위가 이어졌어.

불씨 하나는 아주 작고 미약해. 하지만 온 세상을 집어삼킬 듯 타오르는 거대한 산불도 처음에는 성냥개비 하나에서 시작된단다. 원주에서 시작된 부정부패 규탄대회도 그렇게 전국으로 번졌단다. 작은 불씨 하나가 확 커지며 온 나라를 들끓게 했지. 썩고 병든 세상을 견디고 또 견디던 사람들이 끝내 폭발한 거야. 일순의 제자인 김지하가 그런 세상을 두고 썩은 재벌, 국회의원, 높은 자리의 공무원, 군인, 장관과 차관들 모두가 나라를 말아먹는 도둑놈이라고 글을 쓸 정도였지. 다섯 명의 도둑놈, 즉 〈오적(五賊)〉이라는 글인데 그 글을 읽은 사람들은 속이 다 후련하다며 박수를 보냈어.

결국 궁지에 몰린 박정희 정권은 전쟁이나 천재지변이 일어났을 때나 사용하는 '국가비상사태'를 선언하기에 이른단다.

하늘이 스스로를 돕게 하자

　세상이 어수선한데 하늘도 무심하지. 온 나라 안이 떠들썩하던 1972년 여름, 남한강 언저리에 홍수가 났단다. 하늘에 구멍이라도 난 것 같았어. 금세 냇물이 불고, 계곡의 돌과 나무들을 집어 삼킨 시뻘건 강물이 마을을 덮쳤지. 길가에 멀쩡하게 서 있던 포플러 나무들이 뿌리째 뽑혀 나가고 다리가 무너지는가 하면, 둑이 터지고 집들이 물에 잠겨 버렸단다. 모두 2만3천 호에 달하는 집이 무너지고

14만5천 명이나 되는 사람들이 졸지에 수재민이 되었어.

　일순이 있던 원주교구 사람들도 남한강 홍수 때문에 피해가 컸어. 사람들은 옷가지는 물론, 장롱 속에 모셔 둔 자식들 돌 반지에 월급봉투까지 가져와 돕겠다고 나섰어. 하지만 그것만으로는 턱없이 부족했단다. 결국 지학순 주교가 국제사회에 도움을 청해 외국 교회로부터 3억6천만 원이라는, 당시로는 어마어마하게 큰돈을 구해 왔지.

　"이 돈이 가장 필요한 사람들에게 잘 쓰이도록 해 주세요. 우리 교회는 더 이상 도움을 주는 대가로 가난한 사람들에게 믿음을 팔아서는 안 됩니다."

　지학순 주교는 원주교구 재해대책사업위원회에 그 돈을 모두 내놓았어. 일순은 어떻게 해야 이 돈을 잘 쓸 수 있을지 고민했어. 수재민을 돕기 위해 모인 사람들은 대성학교와 진광학교 졸업생들, 그리고 부정부패 규탄대회와 협동조합 운동 같은 일을 함께해 온 장일순의 후배나 제자들이었어.

　"당장 쌀을 나누어 주는 것도 중요하지만 그 다음도 문제예요. 당장 농사지을 땅이 사라졌으니까요."

물난리가 난 시골 마을을 돌아보고 온 사람이 말했어.

"도와주려거든 티 내지 말고 조용히 도와주고 가라고 하더군요. 아무리 배가 고파도 거지 취급은 받고 싶지 않은 거죠. 누구나 노예나 거지가 아닌 주인 대접을 받고 싶어 한다는 걸 이제야 알았어요."

탄광촌에서 들은 이야기를 전하자 모두가 엄숙해졌지.

"그래요, 평생 남이 주는 쌀로만 먹고살 수는 없어요. 무너진 논과 밭을 농민 스스로 다시 만들게 하는 겁니다. 우리는 그 일을 한 대가로 쌀을 나누어 주는 게 어떨까요?"

"좋은 생각이에요. 우리 조상들은 사람이 하늘이라고 믿어 왔잖아요. 성경에서는 우리 속에 아버지 하느님이 계신다고도 하지요. 아무리 어려운 일이 있어도 자기가 하늘처럼 귀한 존재라는 것을 깨달은 사람은 누구나 스스로 일어설 수 있어요."

장일순이 재해대책사업위원회에서 찾은 해답은 바로 '하늘이 스스로를 돕게 하자'는 것이었어.

"여보, 여기 오늘 받은 품삯이야."

10킬로짜리 쌀 한 포대를 품에 안고 집으로 돌아온 사내가 말했어. 물난리로 집도 논밭도 모두 잃었던 사람이야.

"아이고! 쌀아, 반갑다."

아내는 쌀 포대를 갓난아기 안듯 받고서 얼굴이 환해졌단다. 바닥이 훤히 드러나 있던 쌀독이 차자 항아리도 배가 불룩하다며 웃는 것 같았어.

"쌀도 좋지만 난 당신 얼굴만 봐도 배부르네. 물난리에 다 떠내려간 것도 서러운데 남편마저 세상 다 산 사람처럼 손 놓고 있길래 앞으로 살길이 막막했는데……."

남편은 일터에 다니면서 딴 사람이 된 것 같았어. 온종일 땀범벅이 되어 힘들게 일했을 텐데도, 오히려 전보다 건강해 보였으니까.

"허허, 내가 그랬나? 사람 마음이 참 요상해. 나도 처음에는 그냥 공짜 쌀을 받아먹으면 편할 거라고 생각했어. 그런데 아니더라고. 내가 땀 흘려서 일하고 받은 거다 생각하니까 가슴이 이렇게 쫙 펴지더라고."

사내는 땀에 젖은 가슴팍을 펴 보이며 환하게 웃었어. 문득 전쟁이 난 뒤 구호품 밀가루를 얻기 위해 구걸하던 일이 생각났단다. 그때는 밥을 굶지 않으려면 좋든 싫든 교회에 나가서 머리를 숙여야 했어. 구호품 밀가루 때문에 어쩔 수 없이 교회에 나오는 사람들을 '밀가루 신자'라고 불렀지. 그런데 이번에 천주교회에서 나온 재해대책사업위원회 사람들은 뭔가 달랐어. 교회에서 생색내는 모습이라고는 하나도 없었어. 쌀도 구호품도 동냥 주듯 나누어 주는 게 아니었어. 일한 만큼 떳떳하게 대가를 받는다고 생각하니 비로소 사람대접 제대로 받는 기분이었던 거야.

　"봄이 되면 여기에 뭘 심을까?"

　모든 게 쓸려 내려가고 자갈과 모래언덕만 남은 땅에서도 내년 봄에는 다시 씨를 뿌릴 수 있다는 희망이 자라났어.

　"새로 만든 밭이라 땅 힘이 약하니까 우선 콩부터 심어야지. 콩 뿌리가 땅을 기름지게 해 준다잖아."

　마을 사람들은 돌멩이와 흙더미를 걷어 내고 마을에 새

로 길을 뚫었어. 논두렁 밭두렁을 함께 만들고 나서는 자연스럽게 농사일에 다 같이 머리를 맞대기 시작했어. 그러면 재해대책사업위원회에서는 농업 전문가를 불러 도움을 주고, 필요한 농기구와 씨앗을 살 수 있게 돈을 빌려 주었지.

주먹구구식으로 하늘만 쳐다보며 그저 한 해 끼니 때울 농사만 짓던 사람들이었어. 하지만 이제는 자기 마을에서 가장 잘 기를 수 있는 작물을 고르고, 서로 경험을 나누면서 농사를 짓게 된 거야. 그렇게 해서 소 잘 키우는 사람들은 한우반을, 돼지 잘 키우는 사람들은 양돈반을, 고추 농

사 솜씨가 좋은 사람들은 고추반을 만들어 함께 모임을 가지곤 했단다. 약초반, 양어반, 산양반, 심지어는 뱀을 기르자는 '배암작목반'까지 만들어졌어. 그리고 모임에서는 스스로 소 반장도 뽑고, 돼지 반장도 뽑고, 고추 반장도 뽑으면서 모두가 한마음으로 마을의 주인이 되어 갔지.

"대통령은 마음대로 못 뽑아도 우리 마을 반장은 우리 손으로 뽑아야지. 소 반장도 뽑고, 고추 반장도 뽑고!"

서로를 도우면서 사람들은 비로소 주인이 되는 기쁨을 누렸던 거야.

대홍수가 난 그해 10월, 박정희 대통령은 유신헌법이라는 것을 만들었어. 더는 국민이 직접 대통령을 뽑을 수 없게 만든 거지. 유신헌법에 따라 법관이나 국회의원의 3분의 1을 대통령 마음에 드는 사람으로 뽑을 수 있게 되었어. 그리고 대통령은 국회의 문을 닫고, 나라의 최고 법인 헌법에 맞먹는 비상 명령도 내릴 수 있었지. 다시 말해 유신헌법은 나랏일을 국회나 법과는 상관없이 대통령 마음대로 할 수 있게 한 무시무시한 법이야. 박정희 대통령은 국민들 마음이 점점 멀어지는 것을 알고 다음 선거에서 떨어질까 두려웠던 거야. 그래서 유신헌법을 만들어 자신이 죽을 때까지 대통령을 할 수 있게 만든 거지.

그런데 유신헌법으로 대통령만 직접 뽑을 수 없게 된 게 아니었어. 대통령이 독재를 하면서는 마을 이장이며 학교 반장까지도 마음대로 뽑을 수가 없었어. 심지어 논에다 심는 볍씨 종류도 농민들 마음대로 고를 수가 없었어. 국민들이 자유롭게 결정할 수 있는 모든 권리들을 완전히 앗아가 버린 거야. 젊은이들은 머리도 마음대로 못 기르게 하고, 짧은 치마도 못 입게 했어. 경찰들이 가위를 들고 머리가 긴 청년들을 쫓아다닌 데다 여자들 치마 길이마저 자로 재던 시절이었다니까. 그런 세상에서 농민들은, 서로 돕고 의지하면서 삶의 주인이 된다는 것이 무엇인지 깨닫기 시작한 거야.

일순은 수재민을 도우려고 팔을 걷어 부친 사람들에게 말했어.

"우리가 그토록 바라는 민주주의가 무엇일까요? 대학생

이나 정치인들이 앞장서서 독재 권력에 맞서 싸우는 것도 중요해요. 하지만 가난하고 힘없는 사람들이 스스로 밑바닥에서부터 자기 운명의 주인이 되게끔 도와주는 게 더 소중해요. 밑바닥 사람들이 일어서면 사회 현실에 저절로 눈을 뜨게 되는 법이지요."

이제껏 독재 정권에 맞서 싸우던 사람들은, 시위 현장에서 목청껏 외치던 민주주의가 무엇인지 이제야 비로소 제대로 배우는 것 같았어.

가난한 사람들
가랑이 아래로 배우러 가는 길

일순은 협동조합 운동이나 수재민을 위한 재해대책사업위원회 활동은 물론 독재 정권에 맞서 민주주의를 바로 세우는 일에도 최선을 다해 왔어. 하지만 어느 곳에서도 무슨 직함을 가지고 앞에 나선 적은 없어. 일순은 늘 후배와 제자들 뒤에서 조용히 도와주기만 했지. 사실 정보부로부터 감시를 당해 대놓고 앞에 나설 수도 없었지만 말이야. 하지만 가까운 사람이 무슨 일을 당했을 때 앞장서서 해결

해 주는 일이나, 잘못된 길로 들어서려는 사람을 바르게 이끌어 주는 것은 언제나 일순의 몫이었어. 그러니 누구든 어려운 일이 생기면 일순에게 달려갔지. 원주 사람들만이 아니었어. 서울에서 정치를 하는 사람이나 대학생, 교수, 또 한국의 정치 상황을 궁금해 하는 외국 기자들까지 원주 봉산동 장일순의 토담집을 찾아왔어. 심지어 일순을 감시하는 정보부나 군부대 사람들조차 일순에게 고민을 털어놓고 가곤 했단다. 그래서 일순의 아내는 늘 손님치레 하느라 바빴지. 찻상을 물리고 돌아서면 손님이 또 한 무리 들이닥쳐 다시 또 밥상을 차려 내야 하는 일이 잦았어. 마치 용하다는 점쟁이 집처럼 문지방이 닳아 없어질 정도로 손님이 많았지.

한번은 이런 일도 있었어. 아주머니 한 분이 느닷없이 일순을 찾아와 눈물부터 쏟는 거야.

"아이고! 선생님, 이제 저는 어쩌면 좋아요. 그게 어떻게 모은 돈인데……."

원주역에서 딸 결혼식에 쓸 돈을 모조리 소매치기 당한

아주머니였어.

"그래, 돈이 얼마나 되누?"

눈물 콧물 범벅이 되어 신세 한탄을 하던 아주머니는 일순의 말에 땅이 꺼지도록 한숨을 내쉬었어.

"그걸 알아 뭣 하시게요? 그 돈을 어떻게 찾겠어요."

"그러지 말고, 집에 가서 며칠만 기다려 보게. 자네가 이렇게 넋 놓고 있으면 딸내미 맘이 어떻겠나."

그러고 나서 어떤 일이 벌어졌는지 아니? 일순은 아주머니를 보내고 그 길로 원주역으로 갔단다. 그리고 날마다 역 앞 매점으로 출근을 했어. 어느덧 나이가 지긋해진 일순은 원주에서 모르는 사람이 없었어. 길을 가다 만나는 사람들을 거의 다 알 정도였으니까. 특히 집에서부터 봉천 쌍다리 건너 원주역까지 가는 길에 만나는 사람들은 군고구마 장사, 반찬 가게 할머니, 구두닦이 할 것 없이 속속들이 알고 지냈어. 그래서 남들은 20여 분이면 족히 걸어갈 길도 일순은 한나절 가까이 걸렸어. 만나는 사람마다 일일이 안부를 묻고 시시콜콜한 걱정거리도 다 들어 주다 보면, 아침 일찍 집을 나서도 어느덧 해가 머리 위에 있기 일 쑤였지. 아마도 '천천히 오래 걷기 대회' 같은 게 있다면 일순은 챔피언감일 거야.

"여기, 소주 한 병만 주시게."

"아이고, 선생님 나오셨네요."

매점 주인이 반갑게 맞았지.

"내가 너무 자주 오지? 불편하더라도 자네가 이해하게."

"무슨 그런 말씀을……. 그나저나 오늘은 무슨 좋은 소식이 있으면 좋겠네요."

사실 소주 한 병 시키고 한나절 넘게 자리를 지키는 손님이 반가울 리 없지. 하지만 일순은 어디서나 환영 받았어. 일순이 자리를 편 곳은 그곳이 어디든, 돈 한 푼 안 주고 인생 상담을 할 수 있었거든. 일순은 온종일 원주역에서 오가는 사람들과 이야기를 나누었어. 그곳에 있으면 역 둘레에서 소매치기나 좀도둑질로 먹고사는 사람들 이야기도 모두 들을 수 있었지. 그렇게 사나흘쯤 지나니 그 동네 사정이 훤히 보였지. 역 둘레에서 활동하는 소매치기들 소식도 귀에 들어왔어. 결국은 아주머니 돈을 훔쳐 갔던 소매치기가 일순의 소식을 듣고 제 발로 찾아왔어.

"여기, 이것밖에 안 남았습니다."

사내는 품 안에서 꼬깃꼬깃해진 종이봉투를 꺼냈어.

"그래, 고마워. 이거라도 돌려주니 정말 고맙네."

사내는 뜨끔했어. 당장 감옥에 보낸다는 말보다도 더 무섭게 들렸어. 야단을 치거나 타이르는 말은 한 마디도 없었는데 말이야. 장일순은 조용히 돈 봉투를 받아들고 돌아갔지. 그리고 모자라는 만큼 자기 돈을 채워서 아주머니에게 돌려주었어.

그런데 일순은 그 뒤로도 종종 원주역에 나타났어. 소매치기 사내는 "저기, 장 선생 오신다!"는 소리가, "짭새(경찰을 부르는 속된 말) 떴다!"는 소리보다 더 무서웠어. 그날 이후 일순 생각만 하면 그 날쌔던 손목에 힘이 탁 풀려 버리고 말았거든.

일순은 그런 사내를 앉혀 놓고 술을 따라 주었어.

"내가 자네 영업을 방해했지? 미안해. 그 아줌마 사정이

워낙 딱하잖나."

사내가 안절부절못하다가 엉거주춤 일어서서는 술을 받았지.

"그러지 말고 앉게. 술 마실 때 우리는 친구야. 이건 내가 사과하는 뜻으로 사는 거니까 편하게 받으라고."

일순은 소매치기한테 밥도 사 주고 술도 사 주며 위로까지 했어. 그러니 소매치기나 역 둘레에서 주먹을 휘두르는 깡패들도 "아이고, 선생님!" 하면서 깍듯이 모실 수밖에. 장일순은 이렇게 가르치는 방법이 남달랐던 거야.

"가르치는 사람과 배우는 사람이 따로 있는 게 아니야. 선생이 학생이 되고, 학생이 선생이 되기도 하지."

일순은 제자들에게 늘 이렇게 이야기했어.

"서로가 배우고 가르치는 사이가 되는 거야. 환자가 의사를 찾아와서 '선생님, 제가 이렇게 아픕니다' 하면 의사는 환자를 통해 그 병에 대해 배우잖나. 또 의사가 환자에게 '이렇게 해야 빨리 낫습니다' 하면서 다시 선생이 되고 말이야. 그러니까 자네들도 날 많이 가르쳐 줘야 해."

또 제자들을 소개할 때도, 제자라는 말은 한 번도 쓰지 않았지.

"이 친구가 내 구멍 뚫린 걸 메워 주는 사람이야."

누구에게나 먼저 배우려고 하는 선생님, 그런 스승 밑에서 훌륭한 제자들이 나오는 것은 당연한 일이지. 그래서 일순 곁에는 어렵고 힘든 일을 마다하지 않고 이웃을 위해 봉사하는 제자들이 많았단다.

"이 일은 공부를 잘하거나 학벌이 좋다고 잘하는 게 아니야. 가난한 사람들의 가랑이 아래로 기꺼이 기어 들어갈 줄 아는 그런 사람이 해야 해."

일순이 하는 일이 월급을 많이 받는 것이었을까? 아니면 유명한 사람이 되어 부러움을 사고 명예를 얻는 일이었을까? 모두 아니야. 자기가 가진 좋은 것을 버리고, 가난한 이웃을 위해 봉사하는 일이었어. 그런데도 많은 후배며 제자들이 기꺼이 그를 따랐지. 누군가를 좋아하면 어쩔 수 없나 봐. 예수님도 그러셨잖아. 고기 잡는 그물을 손질하던 베드로를 부르시면서 말이야.

"너, 사람 낚는 어부가 되지 않을래? 같이 가자."

그때 베드로가 "잠깐만요, 엄마한테 물어보고요. 그런데 가면 밥은 먹을 수 있나요?" 하고 따져 묻지 않았거든. 그냥 예수님이 너무 좋으니까 무조건 믿고 따라 간 거야. 장일순의 제자들도 마찬가지였어.

이제 풀 한 포기도 섬기며 살자

"자네 이제부터 방바닥에 궁둥이 딱 붙이고 난을 치게!"

일순은 종이와 붓, 벼루와 먹을 꺼내 김지하에게 건네주었어.

"선생님, 제가 난초를요? 글쎄요, 시간이 있으면요."

김지하가 감옥에서 가까스로 풀려나온 뒤였어. 김지하는 유신헌법을 만든 박정희 대통령에 맞서다가 사형선고까지 받았었단다. 김지하는 그동안 자신을 살려내려고 지학순 주교와 스승인 장일순이 갖은 애를 썼다는 것을 잘 알고 있었지. 하지만 최루탄 쏟아지는 시위 현장에서 목숨 걸고 싸우던 시인이 한가롭게 그림이나 그리고 있을 여유가 없었던 거야.

"내가 말이야, 전에 감옥에서 나왔더니 안절부절못하겠더라고. 이리저리 휩쓸려 다니면서 자꾸 실수를 해. 내 스승님도 이럴 땐 난초를 치라고 하셨어."

일순은 누구보다 제자의 심정을 잘 알았어. '빨갱이'라는 누명을 쓰고 감옥살이를 한 점에서는 일순이 한참 선배잖아. 일순의 집에는 정보부 요원들이나 군인들이 끊임없이 찾아왔단다. 어디를 가든 항상 뒤따라오는 사람이 있어서 반가운 사람을 만나도 아는 체 할 수가 없었어. 행여 그 사람에게 해가 될까 봐 못 본 척 지나쳐야 했던 거야. 일기나 편지 같은 것은 트집 잡힐 증거가 될까 봐 하나도 쓰지 않았어. 의심 받을 만한 책이나 글을 읽으면 꼭 아궁이에 넣어 다 태운 다음에야 잠이 들 정도였지. 일순은 김지하도 마찬가지라는 것을 잘 알고 있었어. 그래서 몸과 마음을 조심하라고 당부했던 거야.

"난초는 그리는 게 아니야. 아무런 욕심도 생기지 않을 때까지 깨끗하게 마음을 비우고 단번에 치는 거야."

일순은 사군자 가운데에서도 가장 어려운 난초, 그 가운데에서도 바람에 흩날리는 난을 쳐서 보여 주었지.

"난초는 이렇게 가장 긴 이파리부터 치는 거야. 바람에 흔들리게 하려면 세 번 휘어지게 해야 해."

길고 흰 화선지 위로 일순이 붓을 들자 단번에 기다란 이파리가 살아났단다. 가느다랗다가 굵어지다가 다시 가늘어지기를 반복하면서 휘어지는데, 그사이 붓이 툭툭 꺾이면서 춤을 추듯 뻗어 나갔지. 금세 이파리가 세찬 바람에 흩날리는 것 같아졌어. 지하는 숨죽인 채 지켜보았어.

"선생님, 그런데 그동안 많이 변하셨어요."

난초를 치고 붉은 낙관을 찍고 있는 일순에게 김지하가 말했어. 단지 희끗희끗해진 머리카락과 주름이 깊게 패인 모습을 두고 하는 소리가 아니었어.

"자네도 느꼈군. 난 사실 1977년부터 분명하게 달라져야겠다고 생각했네. 땅이 죽어 가고 농사꾼들이 농약을 먹고 자꾸 쓰러져 가니 세상을 다시 볼 수밖에……."

1977년은 우리 나라가 수출로 100억 달러나 벌었다고 떠들썩하던 때야. 박정희 대통령은 수출을 많이 해서 잘사는 나라를 만드는 게 가장 큰 목표라고 강조했어. 그때 우리 나라는 주로 가발, 신발, 섬유 제품들을 수출했어. 그런데 이런 물건을 만들려면 공장에 노동자들이 많이 필요해. 그래서 농촌에 살던 열대여섯 살 난 어린아이들까지도 돈을 벌겠다고 도시로 떠났어. 봉제 공장에서는 배고픈 어린 노동자들이 잠이 안 오는 알약까지 먹어 가며 밤새 일을 했단다. 젊은이들이 도시로 떠나자 농촌은 더욱 일손이 모자랐어. 사람이 일일이 논밭을 돌보기 어려우니까 대신 농약과 비료를 점점 더 많이 썼지. 하지만 쌀값을 받아 봐야 농약이랑 비료 값 대기도 벅찼어. 정부에서는 쌀값을 올리지 못하게 했거든. 그러니까 농민들은 고생해서 농사를 지어도 손해만 보게 된 거야. 수출은 늘어나고 공장 사장들 재산은 자꾸 불어났지만 가난한 사람들은 점점 살기가 어려워졌지.

"선생님, 실은 저도 감옥에서 생각을 많이 했습니다. 우리 사회가 잘못됐다, 공평하게 나누어서 다 같이 잘살자고 싸웠는데……. 이것만으로는 도무지 문제를 풀 수 없는 것 같아요."

일순은 그 말을 듣고 흐뭇한 얼굴로 김지하를 보았어.

"그래, 이제 그런 것만으로는 안 돼. 도시와 농촌도 서로

돕고, 사람과 자연도 서로를 섬겨야 해. 이제껏 사람만 잘 살자고 했던 게 문제였어."

김지하는 희끗해진 일순의 눈썹 밑에서 여전히 번뜩이는 눈빛을 보았어. 어린 시절 선생님을 처음 만났을 때처럼 말이야. 아니, 오히려 세월의 깊이가 묻어 나는 눈빛에서는 거스를 수 없는 어떤 힘까지 느껴졌지.

일순은 김지하를 데리고 집 밖으로 나와 봉천을 따라 걷

기 시작했어. 일순이 어린 시절 물장구치고 놀던 봉천, 흐르는 냇물을 그대로 떠먹던 그 물빛은 검어진 지 오래였어. 공장에서 쏟아져 나오는 폐수와 논밭에서 흘러넘친 농약 때문에 고약한 냄새가 코를 찔렀지. 물고기도 살 수 없을 정도로 썩은 물을, 서울 사람들은 독한 화학약품으로 소독해서 마시고 있었단다.

김지하는 둑길을 걷는 동안 발에 채이는 질경이며 바랭이 풀들을 보면서 문득 일순의 그림을 떠올렸어. 일순이 그린 난은 비싼 화분에서 자라는 고급 난이 아니라 길섶에서 흔들리는 풀을 닮았거든. 어떤 난초는 환하게 웃는 얼굴을 하고 있었어. 이제야 선생님이 난초를 치라고 하는 진짜 이유를 알 것 같았어. 가난한 이웃들을 위해 싸우던 마음 그대로, 풀 한 포기도 하늘처럼 섬기라는 뜻이었어. 우리 나라가 빠르게 커 가는 동안, 사람들 마음은 물론 풀과 나무와 땅이 온통 병들어 갔던 거야. 일순은 붓을 쥘 때의 마음처럼 겸손하게 세상을 돌아볼 줄 알아야 한다고 생각한 거지.

우주가 함께 살아야 진짜 살림이지

"옛날에 묵암선사라는 스님은 쥐를 위해서 언제나 밥을 남겨 놓았대요. 모기가 불쌍해서 등에다 불을 함부로 켜지도 않고, 저절로 돋아나는 풀들이 다칠까 봐 계단도 조심스럽게 밟는다고 했어요. 왜 그랬겠어요?"

어느새 머리가 희끗희끗해져 진짜 할아버지가 다 된 일순이 강의를 하고 있어. 선생님 말씀에 귀 기울이고 있는 사람들은 '한살림'이라는 조합의 회원들이야. 대부분 아이를 키우며 살림하는 주부들이지.

그런데 쥐 소리만 들어도 '꺄악!' 하고 비명을 지를 판에 쥐에게 밥을 나누어 주라니! 아기들 피를 빨아먹는 모기는 맨손으로 때려잡아도 시원치 않은데 모기를 위해 등불도 조심하라고?

"쥐나 모기나 풀이나 다 우리와 똑같은 생명이기 때문이에요. 거기 안경 쓰신 양반, 땅이 죽으면 자연이 살 수 있겠어요?"

일순은 며느리뻘 되는 주부들에게 계속 물었어.

"없습니다."

"사람은?"

"살 수 없습니다."

"그래, 턱도 없지. 생명은 모두 하나로 연결되어 있거든요"

일순은 주부들에게 밥 짓고 빨래하고 아이 돌보는 일만 살림인 것은 아니라고 했어. 온 천지의 생명을 제대로 살리는 게 진짜 큰 살림이라고 가르쳐 주었어.

"여러분이 하는 한살림은 서로가 서로를 하느님처럼 모시자는 운동이에요. 몸에 좋은 것만 사 먹자는 게 아니에요. 그걸 기른 농부들을 하느님처럼 모시자는 거죠. 여러분을 잘 먹여 주는 분들이잖아요. 여러분은 또 농부들이 먹고살 수 있게 해 주니까 그분들의 하느님이 되는 거죠."

엄마들은 우스갯소리로 흔히 '내 직업은 솥뚜껑 운전사'라는 말을 해. 하찮은 일을 한다는 느낌도 조금 들어가 있는 표현이야. 그런데 일순의 강의를 들은 엄마들은 어깨가 쫙 펴지고 뿌듯해졌어. 가족을 위해 좋은 음식으로 정성껏 밥상을 차리는 게 하느님의 일과 같다고 깨우쳐 주었으니까.

그런데 한살림은 어떻게 만들어졌을까?

일순은 1970년대 말, 농약을 치다가 쓰러지는 농부들을 지켜보면서 가슴이 아팠어. 한 해에 무려 1천5백 명이 농약 중독으로 목숨을 잃기도 했지. 그뿐이 아니야. 고추 밭에 농약을 치면 그 마을에 있는 소들도 새끼를 안 낳는 거야. 소들이 농약 묻은 풀을 먹어서 그렇게 된 거지. 생명은 그렇게 모두 하나로 이어져 있어. 논에서는 우렁이며 메뚜

기가 사라지고, 물 맑던 강물에서는 물고기들이 죽어 떠오르는 것을 보며 생각했지.

'이대로 가다가는 모두가 죽겠어. 지구가 온통 병들어 버리는데 우리 혼자 무슨 재간으로 살아남겠어!'

일순은 그저 독재 정권에 반대하는 운동을 넘어 세상을 살리는 새로운 운동이 있지 않을까 고민하기 시작했단다. 또 사람들은 자꾸 농촌을 떠나 도시로만 가는데 농민들만 잘 살게 도와주는 것은 큰 힘이 못 된다는 생각도 들었어. 그때 마침 농약을 치지 않고 키운 쌀을 들고 서울로 올라간 사람이 있었어. 원주에서 오랫동안 함께 일했던 박재일이 서울 제기동에 조그만 쌀 가게를 연 거야.

"선생님, 가게 이름을 한살림이라고 하면 어떨까요?"

"그거 아주 좋은 이름이군. 농약을 안 치니 땅도 살리고, 건강하게 밥상을 차릴 수 있으니 소비자도 살리고, 농사짓는 사람들은 제값 받으니 농민도 살고……."

"예, 한살림은 크게 살린다는 뜻도 되니까요."

"그래, 사람과 자연은 원래 한 몸이잖나."

하지만 너무 힘든 일이라고 걱정하는 사람도 많았어. 먹을거리를 걱정하기 보다는 독재 정권과 싸워 세상을 바꾸어야 한다고 생각하는 사람들도 많았지. 박정희 대통령은 이미 부하가 쏜 총에 맞아 세상을 떠난 뒤였지만 다시 새로운 군인이 쿠데타를 일으켜 대통령이 된 때였으니까 그런 걱정도 어쩌면 당연했어. 하지만 한살림 운동을 하는 사람들의 뜻은 확고했어.

"세상을 바꾸려면 우리가 매일 먹는 밥상부터 바뀌어야 해요!"

1980년대 초, 여전히 우리 나라에서는 민주주의가 제대로 기지개도 펴지 못하던 때였지. 그런 어수선한 세상에서 '한살림 농산'이라는 쌀 가게가 우리가 늘 먹는 쌀이며 계란, 배추 같은 것들로 사람들에게 말을 걸기 시작한 거야.

"힘들어도 이건 꼭 해야만 하는 일이네. 단지 좋은 쌀 팔아 돈을 벌어 보자고 하는 일이 아니야. 사람과 사람 사이, 사람과 자연 사이를 새롭게 만드는 큰일이야. 그동안 우리가 원주에서 일하면서 배운 게 많이 있잖나. 용기를 가지게."

　장일순은 한살림 운동이 얼마나 가치 있는 일인지 굳게 믿었어. 원주에는 농민과 도시 소비자들이 중간 상인을 거치지 않고 농산물을 직접 사고팔면서 서로를 돕는 '원주소비자협동조합'이 있었지. 하지만 일순은, 이제 그런 모임이 온 나라로 퍼져나가야 한다고 생각한 거야. 물론 일순은 할아버지가 되어서도 여전히 독재 정권에 반대하고 나라의 민주화와 통일을 위해 열심히 사회운동을 하고 있었어. 하지만 동시에 미래를 위한 새로운 일도 준비하고 있었던 거지. 지구를 살리는 씨앗을 뿌린 셈이야.

생명을 살리는 좁쌀

　장일순은 환갑이 다 되어서 후배들과 '한살림 공부 모임'이란 것을 만들었어. 아니, 그 나이에 무얼 더 공부하냐고? 하지만 일순에게 새로운 것을 찾아 공부하는 것은 숨 쉬고 밥 먹는 일과 하나도 다르지 않았단다.
　'진짜 살림이 무엇인가? 가난한 사람만 살리는 게 아니고 또 우리 나라 사람만 살리는 것도 아니다. 온 인류가 함께 사는 길이어야 한다. 나아가 사람만 사는 게 아니라 풀

과 나무, 벌레와 땅과 바다, 온 우주가 함께 살아가는 길이어야 한다. 그 길이 무엇인가?'

일순이 후배들과 함께 고민하고 공부한 것은 그렇게 큰 살림을 하는 방법이란다. 드디어 1989년 10월 29일, 장일순은 그동안 함께 공부하던 후배들과 '한살림 선언'이라는 것을 발표했어. 한살림 선언문은 오늘날 우리가 살아가는 세상에 어떤 문제점들이 있는지 짚어 보는 것에서부터 시작해. 인간이 자연을 정복하고 지배하기 위해 만든 기계 문명이 생활을 편리하게 만든 것 같지만, 실제로는 지구를 병들게 하면서 사람과 자연도 모두 병들어 가게 했지. 그것을 되살리려면 온 우주와 인간이 결국 한 몸이라는 사실을 깨달아야 해. 그러니까 내 몸처럼 자연을, 지구를, 우주를 아끼고 사랑해야 한다는 게 선언문의 내용이야.

그런 한살림 선언을 실천하는 단체 가운데 하나가 바로 한살림이야. 농약을 쓰지 않고 키운 농산물을 중간 거래상을 거치지 않고 도시 소비자들에게 직접 공급하면 땅도 살리고, 농민도 살리고, 소비자들의 건강도 살리지. 한살림은 농약을 쓰지 않고 키운 농산물들이 쑥쑥 자라날 수 있는 환경을 만드는 데 큰 도움을 주었어. 처음에는 한살림 농부들이 비료나 농약도 없이 손으로 벌레를 잡아 가며 키운 사과가 너무 작고 못생겨서 웃음거리가 되기도 했어. 하지만 한살림 소비자들은 몸에 해로운 광택제로 반짝반짝 윤을 낸, 시장에서 파는 크고 좋은 사과보다 작고 못생긴 한살림 사과가 더 좋다는 것을 알고 있었어. 벌레가 먹을 수 있어야 사람도 안전하다는 것을 깨달았기 때문이지. 지금은 물을 오염시키지 않는 비누나, 지구를 위해 에너지를 조금만 써서 만든 생활용품이 많이 늘어났단다. 한살림 말고도, 사람과 자연이 모두 함께 잘 살 수 있는 환경을 위해 노력하는 사람들이 많이 늘어난 거지.

 일순은 이런 한살림 운동을 위해 자신이 쓴 글씨며 난초 작품을 모아 전시회도 열었단다. 환갑을 넘긴 일순이 내놓은 그림과 글씨에는 그의 인품이 고스란히 담겨 있어. 그래서 일순을 존경하는 많은 사람들이 비싼 값을 치르고 그림을 샀지. 일순은 그렇게 해서 번 돈을 모두 한살림 운동에 쓰라고 내놓았어. 그림과 글씨를 팔아 독립운동 자금을 보내 주던 차강 선생님처럼 말이야. 일순이 어렸을 때 잃어버린 나라를 되찾는 일이 가장 중요했다면, 이제는 병든 지구를 살리는 일이 무엇보다 소중하다고 생각한 거지.

일순은 그림이 어떻게 팔렸는지, 돈을 얼마나 벌었는지는 아예 묻지도 않았어.

"만약 이 그림을 그려서 얼마를 받는다는 생각이 드는 날이면 나는 붓을 꺾을 것이야."

찾아오는 사람마다 선물로 그림을 그냥 그려 주기도 했어. 또 좋은 일을 하느라 돈이 필요한 곳이 있으면 언제든 그림을 팔아 쓰라고 했어. 그런 그림들이 너무 아까워 보였는지 곁에서 이렇게 묻는 사람도 있었어.

"선생님, 귀한 글씨와 그림을 왜 그렇게 헤프게 나눠 주세요?"

그러면 일순의 대답은 한가지야.

"이건 부적 같은 거야."

일순은 난초를 치고 글씨를 쓰면서 그것이 마음이 병든

사람을 살리는 약이 되길 바랐거든. 옻칠 공예를 하는 젊은 예술가에게는 인생이 예술이 되게 하라는 뜻으로, 방황하는 젊은 목사에게는 그가 바로 하느님이라는 뜻으로, 밥집을 하는 식당 주인에게는 식당에 밥 먹으러 오는 이가 바로 하느님이니 정성껏 요리해 대접하라는 뜻으로 글을 써 주었지.

조선 시대 말, 동학 농민군들은 싸움터에 나갈 때 가슴 속에 부적을 챙겨 넣었다는구나. 그것을 간직하면 총알도 피할 수 있다고 믿을 만큼 용기가 생겼대. 그 부적에 뭐라고 씌어 있었는지 아니?

'내 몸에 모신 하느님을 부모처럼 섬기면 모든 일이 하느님 뜻대로 이루게 된다.'

바로 동학의 가르침이었어. 이 땅에서 외세를 몰아내고, 양반 상놈 가리지 않고 모두가 하느님처럼 대접 받는 세상을 만들자는 게 동학하는 사람들의 꿈이었지. 그것은 한살림 선언에 담긴 장일순의 꿈이기도 해. 난초 부적을 그려서 나누어 주던 일순의 그림과 글씨 속에도 고스란히 그 꿈이

담겨 있었어.

"우리 안에 하느님을 모시고 있다는 동학의 가르침은 내 안에 아버지 하느님이 살아 계시나는 싱경 밀씀과 같아. 작은 티끌 속에도 우주가 들어 있다는 불교의 가르침도 마찬가지지. 서로 표현이 다를 뿐 생각은 하나야."

일순은 천주교 신자였지만, 이런 생각 때문에 다른 모든 종교인들과도 허물없이 친구가 되었어. 그리고 그 마음 그대로 정성껏 난을 치고 글을 쓴 다음, 부적처럼 빨간 도장을 찍어 작품을 완성했단다.

그림에는 작가의 호를 새긴 낙관이라는 도장을 찍는단다. 일순의 낙관에는 조 한 알, 한자로는 일속자(一粟子)라고 새겨져 있어. 젊을 때는 청강(淸江), 나이 들어서는 무위당이라는 낙관을 주로 찍었어. 청강은 혼탁한 세상 속에 흐르는 맑은 강물이란 뜻이고, 없을 무(無) 자에 할 위(爲) 자를 쓴 무위당은 억지로 무엇을 하지 않고 자연의 순리대로 살겠다는 뜻이란다. 하지만 나중에 가장 오래도록 즐겨 쓴 이름은 바로 작은 조 알갱이 하나라는 뜻이었어. 일순은 작은 조 알갱이처럼 스스로 이름을 낮추고 싶었던 거야.

"얘들아, 나는 조 알갱이 한 알처럼 작고 보잘 것 없는 사람이야. 그런데 신기하게도 이 작은 조 알갱이에도 하느님이 깃들어 있고 온 우주가 숨을 쉬고 있단다. 신기하지 않니?"

우리가 일순을 '조한알 할아버지'라고 부르는 이유가 바로 여기 있단다.

할아버지, 저도 살림 잘할게요!

　애들아, 조한알 할아버지는 1994년 5월 22일, 예순일곱 살로 세상을 떠났단다. 위암에 걸려서 수술도 받고 오랫동안 힘든 치료도 받았어. 하지만 끝내 병을 이겨내지 못했어. 아니야. '병을 이긴다'고 말하면 할아버지는 싫어했을 거야.
　"선생님, 어서 몹쓸 병과 싸워 이기고 건강해지셔야죠."
　사람들이 이렇게 인사하면 할아버지는 고개를 저었어.

"암이란 게 결국 우리 시대의 병이야. 지구 전체가 암을 앓고 있어. 사람도 자연과 하나인데 어떻게 암에 안 걸리겠어. 병은 싸워서 이기는 게 아니라 친구처럼 내 몸에 잘 모시고 가야 하는 거야."

병문안 오는 사람들에게 오히려 이렇게 깨우쳐 주었어. 그리고 수술을 받은 몸으로도 쉬지 않고, 세상 사람들에게 생명을 살리는 바른 길을 계속 알려 주었지.

세상을 떠나기 일주일 전, 장일순 할아버지는 한밤중에 혼자 병실을 지키고 있던 아들에게 이렇게 말했어.

"동한아, 내가 이제 삶을 정리할 때가 된 것 같다. 네 어머니한테 이야기하려고 해도 그 사람이 너무 괴로워 할 것 같아 너한테 이야기하는 거야. 그동안 내 곁에 있던 모든 사람들에게, 내가 정말 고마워한다고 전해 주렴. 너희들도 고맙고, 네 어머니한테도 너무 고마워."

할아버지 말씀대로, 암을 친구처럼 잘 모시면 세상을 떠날 때가 언제인지 저절로 알게 되는가 봐. 암이라는 병은 결국 '앎'과 같은 게 아닐까? 생명체가 언젠가 자신이 죽게 된다는 사실을 스스로 알게 해 주는 것, 그게 바로 암인지도 몰라. 우리가 평소에도 그것을 잘 알고 산다면 좀 더 겸손하게 삶을 사랑하며 살 수 있을 텐데…….

　조한알 할아버지가 세상을 떠난 그해 여름은 무척 더웠단다. 할아버지 말씀대로 지구도 암을 앓고 있어서인지 아픈 아이처럼 열이 올랐던 모양이야. 지금도 지구 곳곳에서 빙하들이 자꾸 녹아내리는 것을 보면 몸이 몹시 뜨거워진 게 틀림없어. 1994년은 세계 여러 나라들이 지구 온난화를 막기 위해 만든 기후변화협약이 효력을 발휘한 첫해이기도 해. 병든 지구를 그냥 내버려 두었다가는 큰일이 난다는 것을 비로소 알게 된 거야.
　그리고 그때 마침, 아줌마 뱃속에 있던 아기도 막 세상으로 나오려고 했어. 나는 조한알 할아버지를 직접 만나지는 못했단다. 그런데 참 이상해. 할아버지를 생각하고 있으면, 꼭 곁에서 본 것 같아. 이 글을 쓰는 동안 어깨너머로 자꾸 지켜보시는 것 같고, 귀에 대고 뭐라고 속삭이는 것 같아. 할아버지 가족들을 만나 본 뒤로는 그런 느낌이 더욱 커졌지.

'아! 저기 살아 계시는구나. 돌아가시고 난 뒤에도 아들 몸속에 살아 계시는구나. 또 아들의 아들과 딸들에게로 이어져 영원히 살아 계시겠구나.'

아주 오래전에 우주에 생명이 처음 생기고 지금까지 계속 이어져 온 것처럼 말이야. 우리의 생명은 그렇게 계속 이어진다는 사실을 깨달았어. 그래서 할아버지에 대한 글을 써 봐야겠다고 용기를 냈단다. 조한알 할아버지는 세상 어디에나 살아 있다고 믿었기 때문이야. 할아버지 가르침대로 살려고 하는 사람들을 통해서 할아버지를 이해할 수도 있을 것 같았거든. 그래서 이 살림 못하는 아줌마가 겁도 없이 할아버지 이야기를 쓰게 된 거야. 대신 약속했지.

"저도 이제부터 살림 잘할게요!"

마지막으로 조한알 할아버지가 들려주는 이야기를 마저 전할게.

"내가 동네 형들이랑 우리 집에서 붓글씨를 배울 때야.

한 예닐곱 살쯤 됐을 거야. 붓글씨를 배우다가 심심해진 우리는 패를 갈라 울타리 밑에 콩 심기 내기를 했어. 우리 집 울타리 밑이었으니까 나는 콩이 얼마나 사랐는지 잘 지켜볼 수 있었지. 그런데 어느 날 보니까 동네 형이 심은 완두콩에서 먼저 싹이 나는 거야. 내 콩에서는 아직 아무것도 올라오지 않았는데 말이야. 내가 어떻게 했는지 아니? 슬그머니 가서 싹이 난 콩 대가리를 딱 잘라 버렸어. 이건 부끄러워서 누구한테도 고백을 못했던 일이야."

할아버지, 그 작은 완두콩 하나를 여태 잊지 못했어요?

"그래, 그게 얼마나 엄청난 일인지 나중에야 깨달았거든. 완두콩 하나 싹을 틔우기 위해서는 온 우주가 정성을 쏟아야만 한단다. 그런데 나는 남한테 이기고 싶은 마음에 그걸 죽여 버렸잖아. 우리 나라를 못살게 굴던 일본 제국주의나 독재자들, 그 나쁜 사람들이 한 짓과 내가 한 짓이 다를 바가 없다는 걸 알았어."

설마, 그래서 완두콩보다 작은 좁쌀 한 알이라는 이름을 쓰신 거예요?

"맞아. 작은 조 알갱이 속에도 우주가 들어 있다는 걸 잊지 않으려고 그 이름을 썼어. 이제 내 얘기는 그만 듣고 나가 놀렴. 대신 밥을 먹을 때 말이야, 밥알 하나 키우는 데도 바람과 비, 햇빛, 땅, 농부, 그리고 부모님의 땀까지, 온 우주가 힘을 모았다는 사실만 잊지 않았으면 좋겠구나. 그 밥이 바로 하느님이거든."

원주의 역사와 함께한 장일순 할아버지

장일순 할아버지는 학교 공부 때문에 원주를 떠나 있었던 때를 빼놓고는 한 번도 원주를 떠난 적이 없대. 그래서 원주에는 장일순 할아버지의 흔적이 곳곳에 남아 있단다. 장일순 할아버지가 선거에 나왔을 때 함께 모여 선거운동을 하던 중국집부터 한살림 운동을 실천하는 생활협동조합 사무실, 장일순 할아버지가 마지막까지 살던 집, '무위당을 기리는 사람들의 모임'이 활동하고 있는 사무실까지 말이야. 장일순 할아버지는 우리 나라 역사와도 그렇지만, 특히 원주 역사와는 떼려야 뗄 수 없는 사이인 거지. 그럼 어디, 장일순 할아버지의 흔적을 따라가 볼까?

장일순 할아버지와 최시형 선생님

원주시 호저면에는 송골이라고도 하고 송곡이라고도 부르는 마을이 있어. 그곳 들머리에는 '모든 이웃들의 벗 崔(최)보따리 선생님을 기리며'라고 새겨진 커다란 비석이 있단다. 이 비석 글씨를 쓴 분이 바로 장일순 할아버지야. 최보따리 선생님은 장일순 할아버지가 정말 존경한 분들 가운데 한 분이란다. 그런데 최보따리라니, 이름이 좀 특이하지?

최보따리는 사실 최시형 선생님의 별명이란다. 최시형 선생님은 동학을 만든 수운 최제우 선생님의 제자로 동학의 두 번째 지도자, 그러니까 어려운 말로는 '동학 2대 교주'였던 분이야. 살아 있을 때 관리들을 피해 다니느라 늘 보따리 하나 달랑 메고서 산 넘고 물 건너 온 나라를 구석구석 다녔대. 그래서 최보따리라는 별명이 생겼다는구나.

왜 피해 다녀야 했냐고? 최보따리 할아버지가 살던 조선 시대 말에는 동학을 하는 사람들을 모두 반역자로 몰아서 잡아 가두거나 죽이곤 했거든. 그때 우리 나라는 힘센 이웃 나라들의 간섭 때문에 온통 어지러웠어. 그런데 양반이나 관리들은 자기 잇속만

채우고 있어서 백성들은 살림살이가 몹시 어려웠지. 그때 가난하고 힘없는 백성들도 똑같이 귀하다는 사실을 일깨워 준 새로운 철학이 나타났단다. 바로 동학이야.

　동학은 위기에 처한 이 나라 백성들에게 모든 사람은 곧 하늘이다, 그러니까 어려운 말로 하면 인내천(人乃天)이라고 일깨우면서 '나라를 보호하고, 백성을 편안하게 하고, 서양과 일본 같은 외국의 간섭을 물리치자'고 외쳤지. 그런데 나라에서는 동학하는 사람들을 모두 나라를 해롭게 하는 반역자로 몰았던 거야. 안타까운 일이지.

　송골은 바로 보따리 하나 메고 온 나라를 다니던 최보따리 할아버지가 마지막까지 숨어 지내던 곳이야. 그러다 1898년 4월 5일 이 마을 원진여라는 사람 집에서 관군에게 붙잡혀 갔고, 그해 6월 2일 일흔두 살의 나이로 교수형을 당했단다.

　조한알 할아버지는 최보따리 할아버지를 무척 존경했어. 사람들은 대개 동학이라고 하면 갑오년에 들불처럼 일어났던 동학농민운동을 먼저 떠올리곤 해. 너희도 '새야 새야 파랑새야'라는 노래를 유행시킨 녹두장군 전봉준에 대해 잘 알고 있을 거야.

송골마을 어귀에 있는 비석
장일순 할아버지는 치악고미술연구회 사람들과 최시형 선생님을 기리는 비석을 세우고 직접 글씨를 썼다.

장일순 할아버지가 최시형 선생님을 기리며 직접 쓴 비석 글씨

그런데 할아버지는 백성들로 하여금 병든 세상에 맞서 싸우게 했던 힘, 바로 동학의 기본 정신을 알리고 싶어 했어. 그 정신이야말로 자연과 사람 모두가 병들어 있는 세상을 구할 수 있는 열쇠라고 생각한 거야.

그렇다면 동학의 밑바탕에 깔려 있는 정신이란 뭘까? 송골에 세운 비석에도 이 정신이 적혀 있단다.

"천지즉 부모요 부모즉 천지니 천지부모는 일체야라(天地卽 父母요 父母卽 天地니 天地父母는 一體也라)."

하늘과 땅은 곧 부모님이요 부모님은 또 땅 같은 분이니, 천지와 부모가 한 몸이라는 뜻이야. 최보따리 할아버지가 생전에 즐겨 한 말씀이지. 최보따리 할아버지는 어머니 같은 땅을 아프게 찌를 수 없다고 평소 지팡이도 짚지 않고 다니셨대. 천지란 곧 우리가 살고 있는 우주 전체를 말해. 오로지 우리 부모님만 나를 낳은 게 아니라는 뜻이야. 온 우주가 힘을 합해야만 하나의 생명이 태어날 수 있다는 뜻이지. 사람만 그런 게 아니야. 볍씨 한 톨이 싹을 틔우고 제비꽃 한 송이가 피어나는 데도 마찬가지지. 그래서 우리가 매일 먹는 밥 한 그릇을 만드는 데도 태양과 바람과 비와 땅과 지렁이와 농부의 땀이 합쳐져야 하고, 부모님의 노력이 보태져야 한다는 것을 잊지 말아야 한다고 가르친 거야.

조한알 할아버지는 이런 가르침을 세상에 널리 알리기 위해, 원주에 있는 '치악고미술연구회' 사람들과 함께 송골 어귀에 비석을 세우고, 직접 글씨도 쓴 거란다. 마을 안으로 들어가 야트막한 동산 아래로 내려가면 최보따리 할아버지가 잡혀 간 옛날 집터와 그 앞에 세워진 비석도 볼 수 있으니, 한번 들러 보길 바라.

한살림 선언과 한살림 운동

혹시 둘레에서 '한살림'이라는 곳을 본 적 있니? 이 한살림이 처음 생겨난 것도 바로 원주란다. 한살림은 장일순 할아버지의 평소 바람이 고스란히 실천된 곳이야.

'모든 생명을 하늘처럼 모시고 살리자!'

장일순 할아버지는 최보따리 할아버지의 이런 가르침을 어떻게 실천할까 고민했어. 그래서 동학농민운동 때처럼 많은 사람들의 힘을 모아 오랫동안 독재 정권에 맞서 싸웠단다. 그래서 아끼는 후배나 제자들과 함께 오래도록 감옥살이를 해야 했고, 모진 고문도 당하셨지. 때문에 그런 어려움과 슬픔이 담긴 '아침이슬'이라는 노래를 평소 즐겨 부르시며 혼자 많이 울기도 하셨다는구나. 하지만 싸우거나 눈물을 흘리는 것보다 세상을 달라지게 할 더 좋은 방법이 있을 거라고 생각하셨대. 그래서 시작한 게 한살림 운동이야.

'한'은 '큰', '하나'라는 뜻이 담긴 우리말이잖아. 사람과 자연이 하나가 되는, 크게 생명을 살리는 일을 하자는 운동이 한살림 운동이야. 할아버지는 그전부터 원주에서 재해대책사업, 협동조합 운동을 함께했던 사람들과 '한살림 모임'을 만들고 1989년 10월 29일 '한살림 선언'을 발표했단다.

한살림은 한살림 선언을 생활 속에서 실천에 옮기고 있는 곳인데, 이걸 생활협동조합이라고 해. 한살림에서는 농약과 제초제 등을 쓰지 않고 기른 곡식과 과일, 채소, 그리고 안전한 사료를 먹여서 자식처럼 기른 가축에서 나는 계란과 고기 들을 중간 상인을 거치지 않고 생산자와 소비자가 직접 주고받지. 그래서 물건 가격도 생산자와 소비자가 함께 머리를 맞대고 결정한단다. 그러니까 갑자기 가격이 올라가 사 먹는 사람들 형편이 어려워지거나, 반대로 키우는 데 들어간 재료와 수고비에도 못 미치게 값이 떨어져 생산자가 고생하는 일도 없단다.

한살림을 통해 안전한 먹을거리를 먹는 것은 단지 나 혼자 건강하게 잘 살기 위한 일은 아니란다. 농부들이 농약과 비료를 치지 않고 아무 걱정 없이 농사를 짓게 되면, 땅도 건강하게 살아나는 거야.

무위당 좁쌀 만인계

　원주시 중앙동에 갈 일이 있으면 밝음신협 건물을 찾아 4층에 올라가 봐. 이곳에 있는 작은 사랑방에는 장일순 할아버지가 쓴 글씨와 할아버지 사진, 할아버지 이야기가 담긴 책들이 전시돼 있거든.
　장일순 할아버지는 돌아가기 전에 제자와 후배들을 불러서 이렇게 당부했대.
　"나 죽거든 내 이름으로 아무것도 하지 마라."
　워낙 남들 앞에 자신을 내세우는 일을 싫어하신 데다, 길가 이름 없는 풀 한 포기처럼 살려고 한 분이니, 그 말씀을 잘 이해할 수 있지. 그래서 할아버지는 살아 계실 때도 당신 이름으로는 책을 한 권도 쓰지 않았어.
　하지만 할아버지를 존경하고 사랑하는 사람들은 어떻게든 할아버지의 생각과 가르침을 널리 알려야겠다고 생각했어. 그래서 할아버지의 호를 따 조심스럽게 '무위당을 기리는 사람들의 모임'을 만들었어. 할아버지가 살아 있을 때 한 말씀들을 모아 책으로 엮어 내기도 했지. 그렇게 해서 할아버지에 대해 알아 볼 수 있는 책들이 생겨 났고, 사진과 작품들을 모아 둘 사랑방도 생겨 나게 된 거지.
　그리고 할아버지가 돌아가신 지 14년 째 되던 2008년 5월에는 '무위당 좁쌀 만인계'도 만들어졌어. 좁쌀처럼 작은 힘을 보태는 사람들 만 명이 모여 할아버지의 정신을 이어 나가자는 뜻에서 생겨난 모임이야. 이름이 재미있지? 하지만 꼭 만 명만 모이자는 것은 아니고, 그만큼 많은 사람들이 모여 '진짜 살림'을 해 보자는 뜻에서 지은 이름이란다.
　이 책을 읽고 우주를 살리고 생명을 살리는 진짜 살림꾼이 되고 싶다는 생각이 들었다면, 한번 문

'무위당을 기리는 사람들의 모임'에 보관된 장일순 할아버지의 작품

을 두드려 보렴. 할아버지에 대해 더 많은 것을 알 수 있을 거야. 엄마, 아빠와 함께 온 가족이 무위당 좁쌀 만인계에 들어도 좋겠지? 무위당 좁쌀 만인계에는 어떻게 들 수 있냐고? 아래 홈페이지에 들어가 보렴. 할아버지의 작품들도 감상할 수 있으니까.

무위당을 기리는 사람들의 모임 jangilsoon.co.kr 033-747-4579